AF660331

बाल कथाकार
प्रेमचंद

संकलन एवं संपादन

डॉ. मंजु तँवर

स्वराज प्रकाशन
नई दिल्ली-110002

प्रधान कार्यालय

स्वराज प्रकाशन

4648/1, 21-अंसारी रोड, दरियागंज, नई दिल्ली-110002

दूरभाष : 011-23289915

Email : swaraj_prakashan@yahoo.co.in

शाखा

288, ई.डब्लू.एस., शास्त्रीपुरम

आगरा-282007 (उ.प्र.)

© डॉ. मंजु तँवर

मूल्य : ₹ 495

द्वितीय संस्करण : 2019

ISBN 978-93-82543-74-9

अजय मिश्रा द्वारा **स्वराज प्रकाशन**, 4648/1, 21, अंसारी रोड, दरियागंज, नई दिल्ली-110002 से प्रकाशित तथा ओम आफसेट, जगतपुरी शाहदरा, दिल्ली-110093 में मुद्रित

भूमिका

हिन्दी-साहित्य में विचित्र विडम्बना है कि 'बाल-साहित्य' के रचनाकार और सामान्य पाठकों के लिए लिखने वाले लेखक अलग-अलग श्रेणियों में रखकर देखे जाते हैं, जबकि अन्य भाषाओं में स्थिति इससे भिन्न है, विशेषकर बंगला साहित्य में। यद्यपि मुंशी प्रेमचन्द सहित विष्णु प्रभाकर, प्रयाग शुक्ल, क्षमा शर्मा सरीखे लेखकों की लेखनी ने भी 'बाल साहित्य' को अपना विषय बनाया है। लेकिन समीक्षा की दृष्टि से उनका भी यह साहित्य उपेक्षित सा ही है। इसका कारण सामान्यतः बाल-साहित्य को अन्य साहित्य से कमतर नापने की दृष्टि हो सकती है। जबकि संवेदनशील नागरिक बनाने के लिए 'चम्पक', 'नन्दन', 'मोटू-पतलू', 'चाचा चौधरी', 'फास्ट ट्रैक्स' आदि के साथ बाल-साहित्य के लिए 'पंचतंत्र' आदि के साथ ही 'प्रेमचंद', 'विष्णु प्रभाकर', 'प्रयाग शुक्ल आदि सरीखे कथाकारों का साहित्य नींव सुदृढ़ बनाने में निःसन्देह कारगर साबित होगा। बाल-साहित्य से हमारा तात्पर्य बच्चों पर लिखी गई समस्त रचनायें नही है, बल्कि बाल मन व मस्तिष्क के अनुसार लिखे गए साहित्य से है। इसीलिए प्रेचन्द की 'ईदगाह' कहानी की विषय वस्तु बच्चों से सम्बन्धित होने के बावजूद बाल-साहित्य में नहीं गिनी जा सकती। ऐसे मन्नू भंडारी का चर्चित उपन्यास 'आपकी बेटी', क्योंकि अभिव्यंजना व शैली के स्तर पर वह बाल मस्तिष्क के अनुरूप नहीं है। प्रेमचन्द का बाल-साहित्य जनवाणी प्रकाशन प्राइवेट लिमिटेड, नई दिल्ली द्वारा 1996 में प्रकाशित 'प्रेमचंद रचनावली' के बाद चर्चा में आया। इसने संकलित 'बाल-साहित्य' को तीन भागों में विभक्त करके देखा जा सकता है पौराणिक, जीवनीपरक और कहानी। पौराणिक में राम व कृष्ण संबंधी, जीवनियों में अधिकांश वीरों की जीवनीयां है और कहानी-वर्ग में जंगल और कुत्ते की कहानियां है।

बाल-साहित्य रचने के पीछे प्रेमचंद की जो चिन्ता थी, उसे अप्रैल 1930 ई. के 'हंस' पत्रिका के सम्पादकीय के माध्यम से भली-भांति समझा जा सकता है।

'बच्चों को स्वाधीन बनावटों शीर्षक से वे लिखते है कि-''बालक को प्रधानतः ऐसी शिक्षा देनी चाहिये कि वह अपने जीवन में अपनी रक्षा आप करे। ....आज किसी बाहरी सत्ता की आज्ञाओं को मानने की शिक्षा देना बालकों की सबसे बड़ी जरुरत की तरफ से आंख बन्दकर लेना है। युवकों के सामने आज जो परिस्थिति है उसमें अदब और नम्रता का इतना महत्व नहीं है, जितना व्यक्तिगत विचारों और कामों की स्वाधीनता था। इस नयी शिक्षा का आशय क्या है? आज्ञा-पालन हमारे जीवन का एक अंग है और हमेशा रहेगा। अगर हर व्यक्ति अपने मन की करने लगे तो समाज का शीराजा बिखर जायेगा। अवश्य हर एक घर में जीवन के इस मौलिक तत्व की रक्षा होनी चाहिये, लेकिन इसके साथ ही माता-पिता की यह कोशिश होनी चाहिये कि उनके बालक उन्हें पत्थर की मूर्ति या पहेली न समझे। चतुर माता-पिता बालकों के प्रति अपने व्यवहार को जितना स्वाभाविक बना सकें, उतना बनाना चाहिऐ, क्योंकि बालक के जीवन का उद्देश्य कार्य्य-क्षेत्र में आना है, केवल आज्ञा मानना नहीं। ....बालकों में उतना विवेक होना चाहिये कि वे हर काम के गुण-दोष को भीतर की आंखों से देखें।'' स्पष्ट है कि प्रेमचंद अंधानुकरण नहीं, बल्कि सही और गलत का निर्णय ने रुकने वाले विवेक की अनिवार्यता की मांग करते हैं।

शायद इसी चेतना को मूल में रखकर प्रेमचंद ने अपना बाल-साहित्य रचा है। इनके बाल-साहित्य में एक ओर जहां कवि शेख सारी, दुर्गादास जैसे चरित्र है, तो रामकथा का भी विस्तृत कथा भाग मौजूद है। इसके अतिरिक्त ऐतिहासिक चरित्रों में राणा प्रताप, राणा जंग बहादुर, राजा मानसिंह, राजा टोडरमल, रणजीत सिंह, श्री गोपाल कृष्ण गोखले, गौरीबाल्डी, डॉ. सर रामकृष्ण भांडारकर, सर सैयद अहमद एवं, बुद्रुद्दीन तैयब, रेनाल्ड्स आदि ऐसे चरित्रों की जीवनियां हैं, जो देश के स्वाधीनता-आन्दोलन में अंग्रेजों के प्रति प्रतिरोध के जज़्बे को विकसित करने में एक हथियार की भूमिका निभा रही थीं। 'राणा प्रताप में एक स्थान पर वह लिखते हैं-''मेरी आत्मा को तब चैन होगा जब तुम लोग अपनी-अपनी तलवारें हाथ में लेकर कसप खाओं कि हमारा यह देश तुर्कों के कब्जे में न जाएगा। तुम्हारी रंगों में जब तक एक बूंद भी रक्त रहेगा, तुम उसे तुर्कों से बचाते रहोगे। और बेटा अमर सिंह, तुमसे विनती है कि बाप-दानों के नाम पर धब्बा न लगाना और स्वाधीनता को सदा प्राण से अधिक प्रिय मानते रहना। मुझे डर है कि कहीं विलासिता और सुख की कामना तुम्हारे हृदय को अपने वश में न कर ले और मेवाड़ की उस स्वाधीनता को हाथ से खो दो जिसके लिए मेवाड़ के वीरों ने अपना रक्त बहाया। ....इस राजपूत की

जीवन-कथा से सच्ची आजादी का सबक सीखे।'' (ज़माना, नवम्बर 1906)

इसी प्रकार 'राजा मानसिंह' में वे लिखते हैं-''मानसिंह निश्शंक घुसता हुआ छोटे काबुल तक जा पहुंचा और वहां ठहरा कि राजु मैदान में आए तो लंबी मंजिलों की थकान दूर हो।'' इसी तरह के न केवल किसने ओजस्वी संवाद एवं वर्णन उनकी जीवनियों में भरे पड़े हैं, जिनको पढ़कर लहु-लुहान हुए व्यक्ति में भी जोश भर जाये। न केवल जोशपूर्ण बल्कि जिस विवेक की बात प्रेमचन्द करते है, उसके भी न जाने कितने उदाहरण यत्र-तत्र बिखरे पड़े हैं। 'राजा टोडरमल' में वे लिखते हैं-''टोडरमल को घमण्डी कहना वस्तुस्थिति पर धूल डालना है। बंगाल में उसने सात साल तक तलवार से कामल किया और यद्यपि सारी सेना उसकी भृकुटि के संकेत पर चलती थी, पर उसने कभी सेनापतित्व का दावा नहीं किया।'' (ज़माना, अक्टूबर, 1905)

बच्चों के मन में कर्त्तव्यबोध, कौतुहल व मनोरंजन को केन्द्र में रखकर प्रेमचंद की 'जंगल की कहानियों को देखा जा सकता है। 'जंगल की कहानियों' में बहुत छोटी-छोटी बारह कहानियां है, जिन्हें बच्चे भी एकबारगी में पढ़ सकते हैं। इनमें हमारी सामाजिक मान्यताओं की बनावट बालमन के हिसाब से रखने की सफल कोशि है, तो आडन्बर, दिखाना, कर्मकाल आदि का काम करके विवेक का प्रभुत्व स्थापित करने की भी कोशिश है। जंगली पशु के बात से बचने के लिए मनोबल और तैयारी कितनी कारगर साबित होती है, इसका उदाहरण 'शेर और लड़का' कहानी में कुछ यूं है-

''शेर को क्या खबर कि नीचे क्या हो रहा है। वह तो अपने शिकार की ताक में घात लगाये बैठा था। एकाएक पैरों की आहट पाते ही वह चौक-उठा और उन चारों आदमियों को एक टीले की आड़ में देखा। फिर क्या था मूंह मांगी मुराद मिली। भूख में सब्रकहां? वह इतने ज़ोर से गरजा कि सारा जंगल हिल गया और उन आदमियों की तरफ जोर से जस्त मारी। मगर वे लोग पहिले से ही तैयार थे। चारों ने एक साथ गोली चलाई। दन-दन-दन-दन आवाज़ हुई। चिड़ियां पेड़ों से उड़-उड़कर भागने लगी। ''वनमानुष की दर्दघ्नाक कहानी' भी कुछ-कुछ इसी भाव कहानी है।

बालसुलभ मन के लिए चेतना के सन्देश प्रेमचंद की इस कहानियों बड़ें ही सरल और मनोहारी ढंग से व्यक्त हैं। 'गुब्बारे का चीना' कहानी में लिखते हैं-''उसने किसी किताब में पढ़ा था कि गुब्बारे का मुंह खोल देने से गैस निकल जाती है और गुब्बारा नीचे स्तर जाता है। मगर उसे यह न मालूम थी कि मुंह बहुत धीरे-धीरे खोलना चाहिये। उसने एकदम उसका मुंह खोल दिया और गुब्बारा बड़े वेग से गिरने

लगा। जब वह जमीन से थोड़ी ऊंचाई पर आ गया, तो उसने नीचे की तरफ देखा, दरिया बह रहा था। फिर तो वह रस्सी छोड़कर दरिया में कूद पड़ा और तैरकर निकल आया।'' किताबी ज्ञान के साथ प्रयोग और प्रयोग में भी तुरन्त निर्णय लेने की क्षमतां ही व्यक्ति को सामने आयी विपत्ति से बचा सकती है। 'सांप की मणि', 'मिट्ठू', 'पालतू भालू', 'बाल की खाल', 'मगर था शिकार' आदि भी लगभग इसी मिज़ाज की कहानियां है-संक्षिप्त, मज़ेदार ओर प्रेरणादायक।

बच्चों को एक बेहतर मनुष्य बनाने में ये कहानियां और जीवनियां एक मजबूत पुल का काम करेंगी, ऐसी मुझे आशा है।

-मंजु तँवर

अनुक्रम

बनमानुष की दर्दनाक कहानी

आज हम तुम्हें एक बनमानुष का हाल सुनाते हैं। सामने जो तस्वीर है, उससे तुम्हें मालूम होगा कि बनमानुष न तो पूरा बन्दर है, न पूरा आदमी। वह आदमी और बन्दर के बीच का एक जानवर है। मगर वह बड़ा बलवान होता है और आदमियों को बड़ी आसानी से मार डालता है। वह अधिकतर अफ्रीका के जंगल में पाया जाता है।

एक दिन एक शिकारी अफ्रीका के क्लब में बैठा हुआ अखबार पढ़ रहा था कि उसका एक दोस्त घबराया हुआ कमरे में आया और बोला–"एक हब्शी दूर से यहाँ आया है और कहता है कि पास के जंगल में एक नर बनमानुष आ निकला है, जो सिर्फ आदमियों को मार रहा है।" शिकारी ने उस हब्शी को बुलाकर पूछताछ की तो मालूम हुआ कि उबाँशी जाति के एक आदमी ने उस बनमानुष की मादा को मार डाला है। शायद इसीलिए वह आदमियों को मार रहा है। हब्शी ने कहा–"साहब, ऐसे डीलडौल का बनमानुष कहीं देखने में नहीं आया था। बड़े-बड़े जवानों को बात की बात में मार डालता है। ताज्जुब तो यह है कि वह चुन-चुनकर उसी जाति के आदमियों को मारता है। अब तक करीब दस उबाँशियों को मार चुका है।"

शिकारी शेर का शिकार करने आया था, पर उसने दिल में सोचा–यह बनमानुष तो शेर से भी ज्यादा खौफनाक है। पहले इसी को क्यों न मारूँ?

दूसरे दिन उसने तड़के ही शिकार का सामान ठीक-ठाक किया और उसी हब्शी को लेकर जंगल की तरफ चल खड़ा हुआ। कई सिपाही भी मौजूद थे। वे भी अपनी छोलदारियाँ और बन्दूकें लेकर चलने को तैयार हो गए। हब्शी राह दिखाता हुआ आगे-आगे चलने लगा।

दिन-भर लगातार चलने के बाद वे लोग उबाँशियों के गाँव में पहुँचे। रास्ते में बहुत-से जानवर मिले, पर बनमानुष का कहीं निशान तक न मिला। अफ्रीका के सब गाँव करीब-करीब एक ही तरह के होते हैं। गाँव के बीच में उबाँशियों के सरदार

का झोंपड़ा था, जो चारों ओर बाँसों से घिरा हुआ था। एक बड़े डील-डौल का आदमी कंधे पर बंदूक रखे सामने टहल रहा था।

शिकारियों की खबर पाकर उबाँशी सरदार उनसे मिलने आया और फौजी सलाम करके बोला—"आप लोग खूब आए! अब मुझे उम्मीद है कि बनमानुष जरूर मारा जाएगा। हम लोगों का तो घर से निकलना मुश्किल हो गया है।"

शिकारी ने गरूर के साथ कहा—"हाँ, देखो, क्या होता है, आए तो इसी इरादे से हैं।"

शिकारियों ने सरदार के झोंपड़े के पास ही अपनी छोलदारियाँ लगा दीं और पेट देवता की पूजा करने की फिक्र करने लगे कि अचानक किसी के कराहने की आवाज़ आई जैसे उसका कोई मर गया हो। शिकारी ने पूछा—"यह कौन रो रहा है?"

हब्शी ने घबराई हुई आवाज़ में कहा—"हुजूर, यह वही बनमानुष है। दिन-भर अपनी मुर्दा मादा के पास बैठा रोता रहता है और रात होते ही इधर-उधर घूमने लगता है। न मालूम किस वक्त चुपके से गाँव में घुस आता है और किसी-न-किसी उबाँशी को मार डालता है। और किसी जाति के आदमी से नहीं बोलता।"

लोग दिन-भर के थके माँदे, भूखे-प्यासे थे। बनमानुष का शिकार करने की किसे सूझती थी। जब लोग खा-पीकर फ़ारिग हुए तो सलाह होने लगी कि बनमानुष का शिकार कैसे किया जाए? उबाँशी सरदार ने कहा—"रात को आप लोग उसे नहीं पा सकते; दिन को ही उसका शिकार हो सकता है।"

शिकारियों को भी उसकी सलाह पसन्द आई। सब अपनी छोलदारियों में घुस गए और बाहर पहरे का यह बन्दोबस्त कर दिया कि दो-दो घंटे के बाद पहरा बदल दिया जाए। शिकारी थका था, जल्दी ही सो गया। लेकिन थोड़ी ही देर सोया था कि उसकी नींद टूट गई और सामने एक परछाईं-सी खड़ी दिखाई दी। उसकी आँखें आग की तरह जल रही थीं। अफसर ने फौरन आवाज़ दी—"सन्तरी!"

पर कोई जवाब न मिला। न मालूम यह आवाज़ सन्तरी के कानों तक पहुँची भी या नहीं।

अफसर ने तुरन्त बिजली की बत्ती जलाई। उसका कलेजा सन्न हो गया। सामने छः फीट का बनमानुष खड़ा था और उसके हाथ में सन्तरी की बन्दूक थी, जिसकी नली बिल्कुल टेढ़ी-मेढ़ी हो गई थी।

वह शिकार की ओर आँखें जमाए हुए था, जैसे सोच रहा हो कि इसे मारूँ या छोड़ दूँ? उसका डरावना चेहरा देखकर शिकारी की घिग्गी बँध गई, मुँह से आवाज़ तक न निकली।

अचानक बाहर किसी चीज़ के गिरने का धमाका हुआ। शायद कोई संतरी अँधेरे में ठोकर खाकर गिर पड़ा था। बनमानुष ने झट बंदूक फेंक दी और उछलकर छोलदारी से बाहर निकल गया। अब अफसर साहब के होश ठिकाने हुए। बिछावन से उठे, बन्दूक सँभाली, बाहर निकले और बिजली की लालटेन लेकर बनमानुष को तलाशने लगे। लेकिन वह वहाँ कहाँ था! मगर इससे ज़्यादा ताज्जुब की बात यह थी कि उस सन्तरी का भी कहीं पता न था, जो पहरा दे रहा था। शिकारी ने दूसरे सन्तरी को ताकीद कर दी कि खूब होशियार रहे, मगर सोने की हिम्मत न पड़ी। बिजली की रोशनी में बैठे-बैठे गप-शप करके रात काटी।

दूसरे दिन तड़के सब लोग शिकार करने चले। गाँव के आदमी उन्हें विदा करने के लिए गाँव के बाहर तक आए। अच्छी-खासी भीड़ जमा हो गई। शिकारी लोग झाड़ियों की आड़ में चलने लगे, ताकि बनमानुष उनकी आहट पाकर कहीं भाग न जाए। हब्शी को वह जगह मालूम न थी, जहाँ मादा बनमानुष मरी पड़ी थी। उसी के पीछे लोग चले जा रहे थे। जाते-जाते रास्ते में एक जगह बड़ी बदबू आने लगी। हब्शी सहमकर ठिठक गया और कान लगाकर सुनने लगा। वही रोने की आवाज़ सुनाई दी। शिकारी ने अपने साथियों से कहा–"तुम लोग बन्दूकें तैयार रखो, मैं आगे-आगे चलता हूँ।" मगर अभी दो सौ कदम न गया था कि उसे वह नज़र आया। मगर वह अकेला न था, उसकी मादा की लाश भी वहीं पड़ी हुई थी। बनमानुष उस लाश पर झुका हुआ अपने हाथों से छाती पीट-पीटकर रो रहा था। उसके चेहरे से ऐसा मालूम हो रहा था, मानो वह अपनी पत्नी से कह रहा हो कि एक बार फिर उठो, चलो यह देश छोड़कर उस देश में जाकर बसें, जहाँ के आदमी इतने निर्दयी, इतने कठोर नहीं हैं। जब वह देखता था कि उसके इतना समझाने पर भी मादा न तो बोलती है और न हिलती है, तो वह छाती पीटकर रोने लगता था।

यह हाल देखकर शिकारी का दिल दर्द से पिघल गया। बन्दूक उसके हाथ से गिर पड़ी। शिकारी का जोश ठंडा हो गया। साथियों को लेकर वह डेरे पर लौट आया। सब लोग वहाँ बैठकर बातें करने लगे–"देखो, जानवरों में भी कितनी मुहब्बत होती है। लाश सड़ गई है, मगर नर अभी तक उसे नहीं छोड़ रहा है। उबाँशियों ने यह बहुत बुरा काम किया कि उसके जोड़े को मार डाला।"

अभी यही बातें हो रही थीं कि देखा–कई आदमी एक लाश लिये चले आ रहे हैं। शिकारी लाश को फौरन पहचान गया। यह उस सन्तरी की लाश थी। मालूम हो गया कि उसी बनमानुष ने रात को उसे मार डाला है। शिकारी क्रोध से अन्धा हो गया; बोला–"अब उस दुष्ट को किसी तरह न छोड़ूँगा। ऐसे खूनी जानवरों पर

दया करना पाप है। आज उसका काम तमाम करके ही दम लूँगा।''

यह कहकर फिर उसी जगह जा पहुँचा, जहाँ मादा मरी पड़ी थी। मगर अबकी बनमानुष वहाँ न दिखाई दिया। तब ये लोग उसके पैरों के निशान देखते हुए उसकी खोज में चले। आखिर एक पहाड़ी के नीचे से, जहाँ एक पहाड़ी नदी बहती थी, बनमानुष आता दिखाई दिया। उसकी देह से बूँद-बूँद पानी टपक रहा था। मालूम होता था अभी नहाकर निकला है। शिकारियों को देखते ही पहले तो वह गरज उठा, फिर किसी शोक में डूबे हुए आदमी की तरह छाती पीट-पीटकर रोने लगा। सब लोग चुपचाप खड़े रहे। जब वह बिल्कुल पास आ गया तो अफसर ने उसके कन्धे पर निशाना लगाकर गोली चलाई। वह ज़ोर से चीखा और गिर पड़ा। उसका कन्धा ज़ख्मी हो गया था; पर वह तुरन्त ही दूसरे हाथ के सहारे अफसर की तरफ दौड़ा। अफसर ने अबकी उसकी छाती पर गोली चलाई। शिकारियों ने समझा, उसे मार लिया; मगर वह झट से एक चट्टान फाँदकर भागा और जंगल में घुस गया।

शाम होने को थी। अब उसे ढूँढना बेकार समझकर शिकारी डेरे की तरफ लौटे। चाहे यह मालूम था कि वह घायल हो गया है, फिर भी लोगों ने पहरे का बन्दोबस्त किया और खा-पीकर सोए। रात-भर सब लोग आराम से सोते रहे। अफसर साहब की नींद खुली ही थी कि एक हब्शी दौड़ा हुआ आया और बोला–''साहब, वह तो फिर रो रहा है।''

अफसर ने ध्यान से सुना–''यह तो वही रोने की आवाज़ है।''

लोगों ने झटपट कपड़े पहने और बन्दूकें लेकर रवाना हो गए। उस जगह पहुँचकर वे लोग झाड़ियों की आड़ से दोनों बनमानुषों की अन्तिम प्रेम-लीला का तमाशा देखने लगे–देखा कि वह अपनी मादा की लाश को अपने खून से रंगी हुई छाती से दबाकर रो रहा है। उसकी आँखों में नशा-सा छाया हुआ मालूम होता था, जैसे कोई शराब के नशे में चूर हो। यह दर्दनाक मंज़र देखकर शिकारियों की आँखें भी आँसुओं से तर हो गईं। यह तो मालूम ही था कि वह अब चोट नहीं कर सकता। शिकारी बिल्कुल पास चला गया कि अगर हो सके तो उसे जीता पकड़कर मरहम-पट्टी की जाए। उसे देखते ही बनमानुष ने बड़ी दर्दनाक आँखों से उसकी ओर देखा, मानो कह रहा था–क्यों देरी करते हो, एक गोली और चला दो कि जल्दी से इस दुःख भरे संसार से विदा हो जाऊँ!

शिकारी ने ऐसा ही किया। एक गोली ने उसका काम तमाम कर दिया। इधर बन्दूक की आवाज हुई, उधर बनमानुष चित्त हो गया। मगर आवाज के साथ ही शिकारी का दिल भी काँप उठा। उसे ऐसा मालूम हुआ–मैंने खून किया है, मैं खूनी हूँ।

साँप की मणि

मैं जब जहाज़ पर नौकर था तो एक बार कोलंबो भी गया था। बहुत दिनों से वहाँ जाने को मन चाहता था, खासकर रावण की लंकापुरी देखने के लिए। कलकत्ते से सात दिन में जहाज़ कोलंबो पहुँचा। मेरा एक दोस्त वहाँ किसी कारखाने में नौकर था। मैंने पहले ही उसे खत डाल दिया था। वह घाट पर आ पहुँचा था। हम दोनों मिले और कोलंबो की सैर करने चले। जहाज़ वहाँ चार दिन रुकनेवाला था। मैंने कप्तान साहब से चार दिन की छुट्टी ले ली।

जब हम दोनों खा-पी चुके, तो गप-शप होने लगी। वहाँ के सीप-मोती की बात छिड़ गई। मेरे दोस्त ने कहा–''ये सब चीज़ें तो यहाँ समुद्र से निकलती ही हैं और आसानी से मिल जाएँगी, मगर मैं तुम्हें एक ऐसी चीज़ दूँगा जो शायद तुमने कभी न देखी हो। हाँ, उसका हाल किताबों में पढ़ा होगा।''

मैंने ताज्जुब से पूछा–''वह कौन-सी चीज़ है?''

''साँप की मणि।''

मैं चौंक उठा और बोला–''साँप की मणि? उसका ज़िक्र तो मैंने किस्से-कहानियों में सुना है और यह भी सुना है कि उसका मोल सात बादशाहों के बराबर होता है। क्या साँप की असली मणि?''

वह बोले–''हाँ भाई, असली मणि तुम्हें मिल जाए तो मानोगे?''

मुझे विश्वास न हुआ। वह फिर बोले–''यहाँ पचासों किस्म के साँप हैं, मगर मणि एक ही तरह के साँपों के पास होती है। उसे कालिया साँप कहते हैं। बात यह है कि यह चीज़ मुश्किल से मिलती है। पचासों में शायद एक के पास निकले, मगर मिलती ज़रूर है।''

मैंने सुना थ कि साँप मणि को अपने सिर पर रखता है, मगर यह बात ग़लत निकली। मेरे दोस्त ने कहा–''यह चीज़ उसके मुँह में होती है।''

मैंने पूछा–''तो मुँह के अंदर से चमक कैसे नजर आती हैं?''

दोस्त ने हँसकर कहा—''जब उसे रोशनी की ज़रूरत होती है, तो वह किसी साफ पत्थर पर अपने सामने रख देता हैं उस वक्त ज़रा भी खटका हो तो वह झट उसे मुँह में दबाकर भाग जाता है। उसकी यह आदत है कि जहाँ एक बार मणि को निकालता है, वहीं बार-बार आता है। मैं आज ही अपने आदमियों से कह देता हूँ और वे लोग कहीं-न-कहीं से ज़रूर खबर लाएँगे।''

दो दिन गुज़र गए। तीसरे दिन शाम को मेरे दोस्त ने मुझसे कहा—''लो भाई, मणि का पता चल गया।''

मैं झट उठा खड़ा हुआ और दोस्त के साथ बाहर आया तो वह आदमी खड़ा था, जो मणि की खबर लाया था कहने लगा—''अभी मैं एक साँप को मणि से खेलते देख आया हूँ। अगर आप इसी वक्त चलें, तो मणि हाथ आ सकती है।''

हम फौरन उसके साथ चल दिए। थोड़ी देर में हम एक जंगल में पहुँचे। उस आदमी ने एक तरफ उँगली से इशारा करके कहा—''वह देखिए, साँप मणि रखे बैठा है।''

मैंने उस तरफ देखा—सचमुच बीस गज़ की दूरी पर एक साँप फन उठाए बैठा है और उसके आस-पास उजाला हो रहा है। पहले तो मैंने समझा कि शायद जुगनू हो, पर वह रोशनी ठहरी हुई है। जुगनू की चमक चंचल होती है—कभी दिखाई देती है, कभी गायब हो जाती है। मैं बड़ी देर तक सोचता रहा कि किस उपाय से मणि हाथ लगे? आखिर मैंने उस आदमी से कहा—''मुझसे बड़ी ग़लती हुई कि बन्दूक नहीं लाया, इसे मारकर मणि को उठा लेता।''

उस आदमी ने कहा—''बन्दूक की कोई ज़रूरत नहीं है साहब, आप थोड़ी देर तक रुकिए, मैं अभी आया।'' यह कहकर वह कहीं चला गया। थोड़ी देर बाद वह कुछ हाथ में लिये लौटा।

मैंने पूछा—''तुम्हारे हाथ में क्या है?''

उसने कहा—''कीचड़।''

मैंने पूछा—''कीचड़ से क्या होगा?''

उसने कहा—''चुपचाप देखिए, मैं क्या करता हूँ।''

वह चुपके से एक पेड़ पर चढ़ गया और मुझे भी चढ़ने का इशारा किया। मैं भी ऊपर चढ़ा। तब वह डालियों पर होता हुआ ठीक साँप के ऊपर आ गया, और एकाएक उस मणि पर कीचड़ फेंक दिया। अँधेरा छा गया। साँप घबराकर इधर-उधर दौड़ने लगा। थोड़ी देर बाद पत्तियों की खड़खड़ाहट बन्द हो गई। मैंने समझा साँप चला गया। पेड़ से उतरने लगा। उस आदमी ने मुझे पकड़ लिया और कहा—''भूलकर

भी नीचे न जाइएगा, नहीं तो घर तक न पहुँचिएगा। वह साँप यहीं पर कहीं-न-कहीं छिपा बैठा है।''

हम दोनों ने उसी पेड़ पर रात काटी।

दूसरे दिन सुबह होते ही हम दोनों इधर-उधर देखकर नीचे उतरे। साथी ने कीचड़ हटा दिया। मणि नीचे पड़ी थी। मैं मारे खुशी के मतवाला हो गया। जब हम दोनों घर पहुँचे, तो मेरे दोस्त ने कहा–''अब तुम्हें विश्वास आया या अब भी नहीं?''

मैंने कहा–''हाँ, साँप के पास से इसे लाया हूँ ज़रूर, मगर मुझे अभी तक सन्देह है कि यह वही मणि है, जिसका मोल सात बादशाहों के बराबर है।''

दरयाफ्त करने पर मालूम हुआ कि यह एक किस्म का पत्थर है, जो गर्म होकर अँधेरे में जलने लगता है। जब तक वह ठंडा नहीं हो जाता, वह इसी तरह रोशन रहता है। साँप इसे दिन-भर अपने मुँह में रखता है, ताकि यह गर्म रहे। रात को वह इसे किसी जंगल में निकालता है और इसकी रोशनी में कीड़े-मकोड़े पकड़कर खाता है।

पागल हाथी

मोती, राजा साहब की खास सवारी का हाथी था। यों तो वह बहुत सीधा और समझदार था, पर कभी-कभी उसका मिज़ाज गर्म हो जाता था और वह आपे में न रहता था। उस हालत में उसे किसी बात की सुध न रहती थी, महावत का दबाव भी न मानता था। एक बार इसी पागलपन में उसने अपने महावत को मार डाला। राजा साहब ने यह खबर सुनी तो उन्हें बहुत क्रोध आया। मोती की पदवी छिन गई। उस राजा साहब की सवारी से निकाल दिया गया। कुलियों की तरह उसे लकड़ियाँ ढोनी पड़तीं, पत्थर लादने पड़ते और शाम को वह पीपल के नीचे मोटी ज़ंजीरों से बाँध दिया जाता। रातिब बन्द हो गया। उसके सामने सूखी टहनियाँ डाल दी जाती थीं और उन्हीं को चबाकर वह भूख की आग बुझाता। जब वह अपनी इस दशा को अपने पहली दशा से मिलाता तो वह बहुत चंचल हो जाता। वह सोचता—कहाँ मैं राजा का सबसे प्यारा हाथी था और कहाँ आज मामूली मज़दूर हूँ। यह सोचकर ज़ोर-ज़ोर से चिंघाड़ता और उछलता। आखिर एक दिन उसे इतना जोश आया कि उसने लोहे की ज़ंजीर तोड़ डाली और जंगल की तरफ भागा।

थोड़ी ही दूरी पर एक नदी थी। मोती पहले उस नदी में जाकर खूब नहाया। तब वहाँ से जंगल की ओर चला। इधर राजा साहब के आदमी उसे पकड़ने के लिए दौड़े, मगर मारे डर के कोई उसके पास न जा सका। जंगल का जानवर जंगल में ही चला गया।

जंगल में पहुँचकर मोती पुराने साथियों ढूँढने लगा। जब वह कुछ दूर और आगे बढ़ा तो उसे हाथियों का झुंड दिखाई दिया। खुश होकर उनसे मिलने दौड़ा मगर जंगल के हाथियों ने जब उसके गले में रस्सी और पाँव में टूटी ज़ंजीरें देखीं तो मुँह फेर लिया। उसकी बात तक न पूछी। उनका शायद मतलब था कि तुम गुलाम तो थे ही, अब नमकहराम गुलाम हो, तुम्हारी जगह इस जंगल में नहीं है। जब तक

वे आँखों से ओझल न हो गए, मोती वहीं खड़ा ताकता रहा। फिर न जाने क्या सोचकर वहाँ से भागता हुआ महल की ओर चला।

वह रास्ते में ही था कि उसने देखा–राजा साहब शिकारियों के साथ घोड़े पर चले आ रहे हैं। वह फ़ौरन एक बड़ी चट्टान की आड़ में छिप गया। धूप तेज़ थी, राजा साहब ज़रा दम लेने को घोड़े से उतरे। अचानक मोती आड़ से निकल पड़ा और गरजता हुआ राजा साहब की ओर दौड़ा। राजा साहब घबराकर भागे और एक छोटी झोंपड़ी में घुस गए। ज़रा देर बाद मोती भी पहुँचा। उसने राजा साहब को अन्दर घुसते हुए देख लिया था। पहले तो उसने अपनी सूँड से ऊपर का छप्पर गिरा दिया, फिर उसे पैरों से रौंदकर चूर-चूर कर डाला।

भीतर राजा साहब का मारे डर के बुरा हाल था। जान बचने की कोई आशा न थी। आखिर जब कुछ न सूझी तो वह जान पर खेलकर पीछे दीवार पर चढ़ गए और दूसरी तरफ कूदकर भाग निकले। मोती द्वार पर खड़ा छप्पर रौंद रहा था और सोच रहा था कि दीवार को गिराऊँ? आखिर उसने धक्का देकर दीवार गिरा दी। मिट्टी की दीवार पागल हाथी का धक्का क्या सहती। मगर जब राजा साहब भीतर न मिले तो उसने बाकी दीवारें भी गिरा दी और जंगल की तरफ चला गया।

घर लौटकर राजा साहब ने ढिंढोरा पिटवा दिया कि जो आदमी मोती को जीता पकड़कर लाएगा, उसे एक हज़ार रुपया इनाम दिया जाएगा। कई आदमी इनाम के लालच से उसे पकड़ने के लिए जंगल में गए, मगर उनमें से एक भी न लौटा।

मोती के महावत का एक लड़का था। उसका नाम था मुरली। अभी वह कुल आठ-नौ बरस का था। इसलिए राजा साहब दया करके उसे और उसकी माँ को खाने-पहनने के लिए कुछ खर्च दिया करते थे। मुरली था तो बालक, पर हिम्मत का धनी था। कमर बाँधकर मोती को पकड़ लाने के लिए तैयार हो गया। माँ ने बहुत समझाया और लोगों ने भी मना किया, मगर उसने किसी की एक न सुनी और जंगल की ओर चल दिया।

जंगल में गौर से इधर-उधर देखने लगा। आखिर उसने देखा कि मोती सिर झुकाए उसी पेड़ की ओर चला आ रहा है। उसकी चाल से ऐसा मालूम होता था कि उसका मिज़ाज ठंडा हो गया है।

ज्योंही मोती उस पेड़ के नीचे आया, उसने पेड़ के ऊपर से पुचकारा–''मोती!''

मोती इस आवाज को पहचानता था। वहीं रुक गया और सिर उठाकर ऊपर की ओर देखने लगा। मुरली को देखकर पहचान गया। यह वही मुरली था, जिसे वह अपनी सूँड़ से उठाकर अपने मस्तक पर बिठा लेता था! मैंने ही इसके बाप को

मार डाला है, यह सोचकर उसे बालक पर दया आई। खुश होकर सूँड़ हिलाने लगा।

मुरली उसके मन का भाव पहचान गया। वह पेड़ से नीचे उतरा और उसकी सूँड़ को थपकियाँ देने लगा। फिर उसे बैठने का इशारा किया। मोती बैठा नहीं, मुरली को अपनी सूँड़ से उठाकर उसे पहले ही की तरह अपने मस्तक पर बिठा लिया और राजमहल की ओर चला।

मुरली जब मोती को लिये हुए राजमहल के द्वार पर पहुँचा तो सबने दाँतों तले उँगली दबा ली। फिर भी किसी की हिम्मत न होती थी कि मोती के पास जाए। मुरली ने चिल्लाकर कहा–''डरो मत, मोती बिल्कुल सीधा हो गया है, अब यह किसी को नहीं मारेगा।''

राजा साहब भी डरते-डरते मोती के सामने आए। उन्हें कितना अचम्भा हुआ कि वही पागल मोती अब गाय की तरह सीधा हो गया है।

उन्होंने मुरली को एक हज़ार रुपया इनाम तो दिया ही, उसे अपना खास महावत बना लिया और मोती फिर राजा साहब का सबसे प्यारा हाथी बन गया।

पालतू भालू

किसी शहर में एक बनिया रहता था। वह जमींदार का कारिन्दा था। असामियों से रुपया वसूल करना उसका काम था।

एक दिन वह असामियों से रुपए वसूल करके घर चला। रास्ते में एक नदी थी। लेकिन मल्लाह अपना-अपना खाना बना रहे थे। कोई उसे पार ले जाने पर भी राजी न हुआ।

वहाँ थोड़ी ही दूरी पर एक और नाव बँधी थी। उसमें दो मल्लाह बैठे हुए थे। कारिन्दे के हाथ में रुपए की थैली देखकर दोनों आपस में कानाफूसी करने लगे। तब एक ने कहा—" आओ सावजी, हम उस पार पहुँचा दें।"

बनिया बड़ा सीधा आदमी था। उसे कुछ सन्देह न हुआ। चुपचाप जाकर नाव पर बैठ गया। इतने में एक मदारी अपना भालू लेकर वहाँ पहुँचा और कारिन्दे से पूछने लगा—"सावजी, कहाँ जाओगे?"

बनिए ने जब अपने गाँव का नाम बताया तो वह खुश होकर बोला—"मैं भी तो वहीं चल रहा हूँ।" यह कहता हुआ वह भालू को लेकर नाव पर चढ़ गया। पहले तो मल्लाहों ने बहुत नाक-भौं सिकोड़ा; मगर बाद में ज्यादा पैसा देने पर वे राज़ी हो गए। नाव खुल गई।

कारिन्दा दिन-भर का थका था। नाव धीरे-धीरे हिलने लगी, तो उसे नींद आ गई। मदारी भालू की पीठ पर सिर रखे मल्लाहों की ओर ताक रहा था। उन दोनों को थैली की ओर बार-बार ताकते देखकर उसे कुछ सन्देह होने लगा। ये सब ठग तो नहीं है? उसने सोचा—ज़रा देखूँ तो इन दोनों की क्या नीयत है? उसने झूठ-मूठ आँखें बन्द कर लीं मानो सो गया है।

अब नाव ज़ोर से चलने लगी। करीब दो घंटे के बाद कारिन्दा चौंककर उठा तो उसे अपने गाँव का किनारा दिखाई दिया। मल्लाहों से बोला—"बस-बस पहुँच गए; नाव किनारे लगा दो।"

लेकिन मल्लाहों ने उसकी बात अनसुनी कर दी। तब कारिन्दा ने डाँटकर कहा–"तुम लोग नाव को किनारे क्यों नहीं लगाते जी? सुनते नहीं हो?"

इस पर एक मल्लाह ने घुड़ककर कहा–"क्या बक-बक करते हो! हम लोगों को इतना भी नहीं मालूम की नाव कहाँ लगानी होगी?"

मदारी अब तक चुपचाप पड़ा देखता रहा। उसने भी कहा–"हाँ-हाँ, यही तो किनारा है! नाव को किनारे क्यों नहीं लगाते?" मल्लाहों ने उसे भी फटकारा। तब वह चुपके से कारिन्दा के पास खिसक आया और धीरे से बोला–"इन सब की नीयत कुछ खराब मालूम होती है। होशियार रहना!"

कारिन्दा को जैसे जूड़ी चढ़ आई!

मील-भर चलने के बाद मल्लाहों ने नाव को एक जंगल के पास किनारे लगाया और उतरकर जंगल में जा घुसे। उनके साथ के कई डाकू जंगल में रहते थे। दोनों उनको खबर देने गए।

बनिया बच्चों की तरह रोना लगा–"अपना गाँव तो मील-भर पीछे छूट गया। यहाँ न कोई साथी, न मददगार।"

मगर मदारी ने उसे तसल्ली दी।

"वह देखो, कई आदमी हाथ में मशालें लिये हुए नाव की ओर आ रहे है; जरूर यह डाकुओं का गिरोह है।" कारिन्दा के हाथ-पाँव फूल गए।

एकाएक मदारी भालू को लिये हुए नाव से उतरा और किनारे पर चढ़ गया। डाकू नीचे उतर ही रहे थे कि उसने अपने भालू को उनके पीछे ललकार दिया। फिर क्या था! भालू ने लपककर एक डाकू को पकड़ा और उसके मुँह पर ऐसा पंजा मारा कि सारा मुँह लहूलुहान हो गया। उसे छोड़कर दूसरे डाकू पर लपका। डाकुओं में भगदड़ मच गई। सब-के-सब अपनी-अपनी जान लेकर भागे। बस, वही पड़ा रह गया, जो घायल हो गया था।

यह शोरगुल सुनकर पास ही के एक दूसरे गाँव के कई आदमी आ पहुँचे। उन्होंने मदारी और कारिन्दा को भालू के साथ फिर नाव पर बैठाया और नाव को ले-जाकर उनके गाँव के किनारे लगा दिया। घायल डाकू को वे थाने ले गए।

गाँव में पहुँचकर कारिन्दा ने मदारी को गले से लगाकर कहा–"तुम पूर्वजन्म में मेरे भाई थे, आज तुम्हारी और भालू की बदौलत मेरी जान बची।"

मगर का शिकार

मेरा गाँव सरजू नदी के किनारे है। न जाने क्यों, सरजू में जल-जन्तु बहुत रहते हैं। एक मर्तबा की बात है, मैं नदी के किनारे पार जाने के लिए आया तो देखा कि कई मछुआरे एक बकरी के बच्चे को लिये दरिया के किनारे चले जा रहे हैं। उनमें से एक के हाथ में बड़ा-सा छुरा भी था। मैंने समझा कि इसे ये लोग हलाल करने के लिए लाए हैं। मैंने कहा—''इसे चाकू से क्यों हलाल करते हो, खड्ग से क्यों नहीं मारते?''

इस पर एक आदमी ने कहा—''हुजूर, इसे हलाल नहीं करेंगे, इससे मगर का शिकार करेंगे।

मैंने पूछा—''कैसे?''

''हुजूर, चुपचाप देखिए।''

मैं पार जाना भूल गया। वहीं मगर का शिकार देखने के लिए ठहर गया। देखा कि लोगों ने उस बकरी के बच्चे को एक पेड़ के नीचे बाँध दिया। वह पेड़ दरिया से कुल बीस गज़ पर था। इसके बाद उन्होंने एक हाँडी से कुछ जोंक निकाले और उन्हें बकरी के बच्चे पर लगा दिया। जब बच्चा में-में करने लगा तो हम लोग एक पेड़ की आड़ में छिप गए और मगर का इन्तजार करने लगे।

मगर का एक अजीब स्वभाव यह है कि वह जिस रास्ते में दरिया से निकलकर आता है, उसी रास्ते से दरिया की ओर लौटता भी है।

कोई घण्टा-भर बैठने के बाद हम लोगों ने एक मगर को पानी से सिर निकालते देखा। हम लोगों ने चुप्पी साध ली। मगर ने डुबकी लगाई और गायब हो गया। इधर बकरा में में-में करता ही रहा। कोई तीन-चार मिनट के बाद मगर ने सिर निकाला और धीरे-धीरे किनारे पर चढ़ आया और इधर-उधर बड़े ध्यान से देखने लगा। जब उसे मालूम हुआ कि यहाँ बिल्कुल सन्नाटा है, तो वह रेंगता हुआ बच्चों के समीप गया। बच्चे के बिल्कुल पास पहुँचकर उसने फिर एक बार इधर-उधर गौर से देखा

और जब फिर उसे कोई न दिखाई दिया, तो उसने झपटकर बकरी के बच्चे की गर्दन पकड़ ली।

इधर उन मछुओं में से एक आदमी वही चाकू लिये हुए चुपके से दरिया के किनारे पहुँचा और ठीक उसी जगह, जहाँ मगर दरिया से निकला था, चाकू को इस कदर जमीन में गाड़ा कि उसकी नोक जमीन से कोई दो इंच निकली रही। जब वह चाकू गाड़कर लौटा तो सब-के-सब एक साथ चिल्लाकर आड़ से निकले और अपने लट्ठ लिये मगर के पीछे दौड़े। अचानक इतने आदमियों को अपने ऊपर हमला करते देखकर मगर घबरा गया और जल्दी से नदी में उतर गया। वह तो डुबकी लगाकर गायब हो गया, लेकिन उस जगह नदी के पानी का रंग लाल-ही लाल दिखाई देने लगा।

मछुए खुश हो-होकर उछल पड़े और कहने लगे—"बस, मार दिया!"

मैंने ताज्जुब से पूछा—"मगर तो भाग गया, तुमने मारा कहाँ?"

एक मछूए ने कहा—"जरा सब्र तो कीजिए, अभी देखिएगा।"

मेरी नज़र चाकू की नोक पर पड़ी तो मैंने देखा कि वह बिल्कुल लाल हो गई है और उस जगह से दरिया तक लाल-ही-लाल दिखाई देता है।

कोई पन्द्रह-बीस मिनट के बाद वे लोग चिल्ला उठे—"वह निकला! वह निकला!" सचमुच बीच दरिया में एक मगर की लाश तैर रही थी। उसका पेट चिरा हुआ था और उस वक्त भी खून बह रहा था।

वे लोग नाव पर सवार होकर बीच दरिया में गए और मगर को जाल में फँसाकर किनारे लाए। एक आदमी दौड़ता हुआ गया और एक बैलगाड़ी लाया। लोगों ने मगर को बैलगाड़ी पर लादा और चल दिए। इतना बड़ा मगर मैंने न देखा था। वह कोई पन्द्रह फीट लम्बा था।

कुत्ते की कहानी

बच्चों से

प्यारे बच्चो! तुम जिस संसार में रहते हो, वहाँ कुत्ते-बिल्ली ही नहीं, पेड़-पत्ते और ईट-पत्थर तक बोलते हैं। बिल्कुल उसी तरह, जैसे तुम बोलते हो और तुम उन सबकी बातें सुनते हो और बड़े ध्यान से कान लगाकर सुनते हो। उन बातों में तुम्हें कितना आनन्द आता है। तुम्हारा संसार सजीवों का संसार है। उसमें सभी एक-जैसे जीव बसते हैं। उन सबों में प्रेम है, भाईचारा है, दोस्ती है। जो सरलता साधु-सन्तों को बरसों के चिन्तन और साधना से नहीं प्राप्त होती है, वह तुम परमपिता के घर से लेकर आते हो। यह छोटी पुस्तक, मैं तुम्हारी उसी आत्म-सरलता को भेंट करता हूँ। तुम देखोगे कि यह कुत्ता बाहर से कुत्ता होकर भी भीतर से तुम्हारे जैसा बालक है, जिसमें वही प्रेम और सेवा तथा साहस और सचाई है, जो तुम्हें इतनी प्रिय है।

प्रेमंचद

बनारस 14 जुलाई, 1936

बालको! तुमने राजाओं और वीरों की कहानियाँ बहुत सुनी होंगी, लेकिन किसी कुत्ते की जीवन-कथा शायद ही सुनी हो। कुत्तों के जीवन में ऐसी बात ही कौन-सी होती है, जो सुनाई जा सके। न वह देवों से लड़ता है, न परियों के देश में जाता है, न बड़ी-बड़ी लड़ाइयाँ जीतता है; इसलिए भय है कि कहीं तुम मेरी कहानी को उठाकर फेंक न दो। किन्तु मैं तुम्हें विश्वास दिलाता हूँ कि मेरे जीवन में ऐसी कितनी ही बातें हुई हैं, जो बड़े-बड़े आदमियों के जीवन में भी न हुई होंगी। इसीलिए मैं आज अपनी कथा सुनाने बैठा हूँ। जिस तरह तुम कुत्तों को दुत्कार दिया करते हो, उसी

भाँति मेरी इस कथा को ठुकरा न देना। इसमें तुम्हें कितनी ही बातें मिलेंगी और अच्छी बातें जहाँ मिलें, तुरन्त ले लेनी चाहिए।

जब मेरा जन्म हुआ, तो मेरी आँखें और कान बन्द थे। इसलिए नहीं कह सकता कि बाजे-गाजे बजा या नहीं, गाना-बजाना हुआ या नहीं। मुझे तो कुछ सुनाई नहीं दिया। हाँ, जिस बिछावन पर मैं लेटा था, वह रुई की भाँति नर्म था। सर्दी जरा भी न लगती थी। मैं दिल में समझ रहा था कि किसी बड़े घर में मेरा जन्म हुआ है, लेकिन जब आँखें खुलीं, तो मैंने देखा कि एक भाड़ की राख में अपनी माता की छाती से चिपटा हुआ पड़ा हूँ। हम चार भाई थे। तीन लाल थे। मैं काला था, उस पर सबसे छोटा और सबसे कमजोर।

माता भी हम लोगों के पास कम रहती थीं। उन्हें खाने की टोह में इधर-उधर दौड़ना पड़ता था। वह रात-रात-भर जागकर गाँव की रक्षा करती थीं। क्या मजाल कि कोई अनजान आदमी गाँव में कदम रख सके! दूसरे गाँव के कुत्तों को तो वह दूर ही से देखकर भगा देती थीं। जब किसी खेत में कोई सांड घुसता तो उसे दूर तक भगा आतीं; मगर इतना सब-कुछ करने पर भी कोई उन्हें खाने को न देता था। बेचारी पेट की आग से जला करती थीं। उस पर हम लोगों की चिन्ता उन्हें और मार डालती थी। इसलिए जब भूख सताती, तो कभी-कभी वह चोरी से घरों में घुस जातीं और खाने की जो चीज़ मिल जाती, लेकर निकल भागतीं। उन्हें देखते ही लोग मारने दौड़ते और घरों के द्वार बन्द कर लेते।

एक दिन बड़ी ठण्ड पड़ी। बादल छा गए और हवा चलने लगी। हमारे दो भाई ठण्ड न सह सके और मर गए। हम दो ही रह गए। माताजी बहुत रोईं, मगर क्या करतीं? गाँववालों को फिर भी उन पर दया न आई। आदमी इतने मतलबी और बेदर्द होते हैं, यह मैंने पहली बार देखा।

एक दिन गाँव में उत्सव था। एक बनिए के यहाँ ब्राह्मण भोज था। सैकड़ों आदमी जमा थे। पूरियाँ बन रही थीं। माता जी बार-बार उधर जातीं, पर दुत्कार पाकर भाग जाती थीं। किसी को इतनी दया न आती थी कि एक टुकड़ा उनकी ओर फेंक दे। एक टुकड़ा दे देने से कुछ कमी न पड़ जाती, पर यह कौन समझाए? जब सब चीज़ें तैयार हो गई तो आँगन में पत्तल डाल दिए गए। लोग अपने-अपने आसन पर जा बैठे ओर भोजन परसा जाने लगा। उसी समय माता जी वहाँ पहुँचीं। हम दोनों भाई भी उनके साथ थे। द्वार पर ही एक आदमी ने दुत्कारा, मगर माता जी भागी नहीं, पूँछ हिलाने लगीं और वहीं बैठ गई। वह आदमी जब किसी काम से भीतर चला गया तो माता जी भी दबे पाँव दालान में जा पहुँची। उन्हें देखकर चारों तरफ से

धत्-धत् का ऐसा कोलाहल मचा कि माता जी घबरा गईं। दो-तीन आदमी डंडे लेकर दौड़े। माताजी को अगर दालान से निकल जाने का रास्ता मिलता, तो वह उधर से बाहर निकल जातीं, लेकिन उधर लोग डंडे लिये खड़े थे, इसलिए माता जी बैठे हुए आदमियों के बीच से होकर मोरी के रास्ते बाहर निकल आईं।

मगर तमाशा तो देखिए कि माता जी के बाहर निकलते ही भोजन करने वाले भी उठ खड़े हुए। जानते हो क्यों? माता जी के उधर से निकल जाने के कारण भोजन भ्रष्ट हो गया। विचार होने लगा कि क्या किया जाए? बेचारा बनिया फूट-फूटकर रोने लगा। कुछ लोग कहते थे—इसमें दोष ही क्या है? कुत्तिया ने पत्तलों में मुँह तो डाला नहीं; छूने से क्या होता है? किन्तु जो बहुत कुलीन थे, वे कुत्तिया के बीच से निकल जाना ही भोजन को भ्रष्ट करने के लिए काफी समझते थे। आखिर इन्हीं कुलीनों की जीत हुई और सारा भोजन अछूतों में बाँट दिया गया। उस दिन माता जी ने खूब पेट-भर खाया। ऐसा सुख उन्हें जीवन में कभी न मिला था।

लेकिन बेचारी के भाग्य में सुख लिखा ही न था। भोजन करके ज़रा लेटी ही थी कि बनिया डंडा लिये आ पहुँचा और लगा पीटने। माता जी को भागने का अवसर न मिला। ज़ोर-ज़ोर से चिल्लाने लगीं। उनका विलाप सुन पत्थर भी पसीज जाता, पर उस निर्दयी को ज़रा भी दया नहीं आई। मैं मन में कुढ़ रहा था। अपना कुछ वश होता, तो बनिए राम को इस बेदर्दी का मज़ा चखा देते। लेकिन ज़रा-सा बच्चा क्या करता! बस, यह विलाप सुनकर कुछ लोग जमा हो गए और समझाने लगे—''जाने दो भाई, भूख में तो आदमियों की बुद्धि भी भ्रष्ट हो जाती है, यह तो पशु है! इसे क्या मालूम, किसका फायदा हो रहा है, किसका नुकसान! अब तो जो हो गया, सो हो गया। इसे मारकर क्या पाओगे?''

बनिये के चित्त में यह बात बैठ गई और माता जी की जान छूटी।

उसी दिन शाम को एक बटोही गाँव में आकर ठहरा। उसने एक पेड़े के नीचे उपले जलाए और हाँडी में दाल चढ़ाकर आटा गूँधने लगा। आटा गूँध चूकने पर उसने हाँडी उतार दी और सामने के कुएँ पर पानी लेने चला गया। गूँधा हुआ आटा पत्तल पर रखा हुआ था। इतने में माता जी घूमती हुई वहाँ पहुँच गईं और शायद यह समझकर कि आटे का कोई मालिक नहीं, वह खाने लगीं। मुसाफिर ने कुँए पर से ही धत्-धत् करना शुरू किया, लेकिन माता जी ने फिर भी न देखा। बेचारा माथे पर हाथ धरकर रोने लगा। आज तीन दिनों का भूखा, थका-माँदा, उस पर भगवान की यह लीला! दो-तीन आदमियों ने समझाया—''भाई, तुम्हारा तो चार-छः आने का नुकसान हुआ, कल तो इसने हजारों पर पानी फेर दिया।''

मुसाफिर ने कहा–"मैं क्या जानता था कि चांडालिन घात में बैठी हुई है!"

बूढ़े चौधरी बोले–"जान पड़ता है, आज का तुम्हारा भोजन उसी के भाग्य में था। मसला है–'शाह की मुहर आने-आने पर, खुदा की मुहर दाने-दाने पर।' फिर से बनाकर खा लो।"

बेचारे मुसाफिर ने फिर से चौका लगाया और भोजन बनाने लगा। चौधरी वहीं बैठे रहे। मुसाफिर ने पूछा–"बाबा, मैं आपकी उस कहावत का मतलब नहीं समझा! जरा समझा दीजिए।"

चौधरी बोले–"एक फकीर यही कहकर सबके दरवाजे पर भीख माँगता फिरता था–'शाह की मुहर आने-आने पर, खुदा की मुहर दाने-दाने पर।'

एक मनचले रईस ने उस फकीर से कहा–'साईं, यह बात समझ में नहीं आती, भला दानों पर कैसी मुहर?'

साईं ने कहा–'नहीं बेटा, खुदा जिसको जो दान देना चाहेगा, वही पा सकता है। दूसरा हरगिज़ नहीं पा सकता। इसकी जब चाहो तब परीक्षा कर सकते हो।'

रईस ने कहा–'लीजिए, मैं अभी परीक्षा लेता हूँ। अगर यह बात सच निकली, तो मैं आपका गुलाम हो जाऊँगा।'

'रईस ने ज्वार का एक दाना हाथ में लिया और कहा–'देखिए, मैं इसे अपने मुँह में डालता हूँ। अगर खुदा की इस पर मुहर है, तो किसी और को दे दे।'

"यह कहकर उसने दाने को अपने मुँह में फेंका, पर दाना मुँह में न जाकर जमीन पर गिर पड़ा और एक चिड़िया उठाकर ले गई।

"रईस भौचक्का-सा रह गया। बस, आप भी याद रखिए कि न तो कोई किसी को खिलाता है, और न किसी का खाता है। सबको खिलाने वाला ईश्वर है।"

2

हम दोनों भाई ज़रा बड़े हुए, तो लड़कों ने हमें खेलाना शुरू किया। मैं बहुत खुबसूरत था। मुझे एक पण्डित जी का लड़का पकड़ लाया। मेरे भाई को एक डफाली का लड़का पकड़ ले गया। मैं पंडित जी के घर पलने लगा। मेरा भाई डफाली के घर। उसे जकिया कहते थे और मुझे कल्लू।

जाड़े का मौसम था। जब सब लड़के धूप में जमा हो जाते तो हमें गोद में ले लेते और चूमते। कोई कहता–हमारा बच्चा है। कोई कहता–हमारा मुन्ना है। कोई लड़का एक कान पकड़कर उठाता और कहता–देखो भाई, चोर है या साह? जब

तक कान दर्द न करते, मैं न बोलता। बस, सब कहने लगते—फेंको-फेंको, चोर है। मगर जब कान दुखने से चिल्ला उठता, तो सब साह-साह कहकर हँस पड़ते। प्रायः यह खेल सैकड़ों बार होता। कोई हमारे अगले पैरों को उठाकर कहता— मेरा मुन्ना दो पैर से चलता है। यों चलाए जाने से हमारे पैर दर्द करने लगते थे, पर करते क्या? कभी-कभी छोटे-बड़े लड़के छोटे बच्चों को मेरी पीठ पर बैठाकर कहते—मेरा लल्लू हाथी पर बैठा है। भला मैं उन लड़कों का बोझ क्या उठाता! जब चिल्लाने लगता, तो जान बचती। कोई-कोई लड़के तो मेरे गले में रस्सी बाँधकर दौड़ाते? भला मैं उनके बराबर कैसे दौड़ता? लेकिन वे अपनी धुन में मुझे घसीटते हुए ले जाते थे, इससे सारा बदन दुखने लगता था, मगर मुझ गरीब का वहाँ कौन मददगार बैठा था! कभी-कभी लड़के मुझे पासवाले गड्ढे में डाल देते और मेरी तैराकी का तमाशा देखते। जब मैं बाहर निकलने के लिए छटपटाने लगता, तो लड़के हँस-हँसकर कहते—देखो कल्लू कैसा तैरता है! उस समय मैं डूबने-डूबने को हो जाता था। पाँव जोर-जोर से चलाता हुआ किसी तरह किनारे आ जाता और मारे ठंड के काँपने लगता। जब धूप लगने से देह में कुछ गर्मी आती, तो कोई शैतान लड़का बोल उठता—अबकी मेरी बारी है। सुनते ही मेरी जान-सी निकल जाती, मगर भागकर जाता कहाँ? कोई फिर पानी में डाल देता। क्या बतालाऊँ कि उस समय कितना गुस्सा आता। बार-बार यही जी में आ जाता था कि कोई इन दुष्टों को भी इसी तरह डूबकियाँ देता, तो इनकी आँखें खुलतीं। हम दोनों में से सुखी तो एक भी न था, पर जाकिया की दशा मेरी दशा से अच्छी थी। पण्डित जी के यहाँ मुझे रुखा-सूखा भोजन मिलता था और वह भी बहुत कम, इसलिए मुझे दूसरे द्वारों का चक्कर लगाना पड़ता था।

डफाली मांस का प्रेमी था। रोज़ाना उसके घर मांस पका करता था, इसलिए जकिया को काफी भोजन मिल जाता था। उसे किसी दूसरे दरवाज़े पर जाने की जरूरत नहीं पड़ती थी। कुछ तो बेफिक्री और कुछ पूरी खुराक मिलने की वजह से वह दिन-दिन ताकतवर और तन्दुरुस्त बनने लगा। मैं कभी-कभी भूख से तंग आकर डफाली के दरवाजे पर पहुँच जाता कि शायद वहाँ कुछ मिल जाए। सोचता, आखिर जकिया भी अपना ही खून है, उससे आरजू-मिन्नत करूँगा तो जरूर कुछ-न-कुछ देगा। फिर उसका कोई नुकसान भी नहीं है। मैं उसके खाने में हिस्सा लेना नहीं चाहता था, केवल उसकी जूठन चाहता था, पर वह मेरी परछाई देखते ही गुर्राकर मुझ पर ऐसा झपटता, जैसे मैं उसका दुश्मन हूँ। वह था मुझसे ताकतवर, इसलिए मैं उसका सामना न कर सकता था। वह दाँतों से मुझे खूब काटता और नीचे गिराकर पंजों से खसोटता। जब मैं ज़ोर से चिल्लाने लगता और पूँछ सिकोड़

लेता, तब कहीं जान बचती थी। उठकर ज्यों ही भागना चाहता कि डफाली कह उठता—''पण्डित का भग्गू कुत्ता वह भागा! वह भागा!'' इस पर मुझे बहुत ग्लानि होती थी। मैं फिर जाकर जकिया से उलझ पड़ता और इतनी मुस्तैदी देखकर कहने वाले कहते—''वाह कल्लू! वाह! शाबाश!'' इससे तबीयत और भड़क जाती थी, और भी ज़ोर लगाता। लेकिन आखिर मुझे भागना ही पड़ता था। तब सब तालियाँ बजाकर मुझ पर हँसने लगते। जोश ठंडा होने पर देखता कि लहूलुहान हो गया हूँ। महीनों में जाकर कही घाव अच्छे होते थे। घाव अच्छा होने पर जी चाहता कि चलकर जकिया को पछाड़ूँ और पण्डित जी की बदनामी मिटाऊँ, मगर अपनी हालत देखकर रह जाता।

एक दिन मैं जान पर खेलकर जकिया से उलझ पड़ा। वह भी पूरे जोश के साथ मुझसे लड़ने लगा। संयोग से पंडित जी भी वहाँ पहुँच गए। उनके पहुँचते ही और लोगों ने कहा—''कल्लू भग्गू कुत्ता है, कभी भी जकिया का सामना नहीं कर सकता।'' इस पर मैंने देखा कि पंडित जी का चेहरा फीका पड़ गया है। अब तो मैंने निश्चय कर लिया कि आज चाहे जान रहे या जान जाए, मगर जकिया को जरूर पछाड़ूँगा। कुछ ऐसे जीवट से लड़ा और ऐसे दाँव पेंच खेला कि बच्चे जकिया को छठी का दूध याद आ गया। देखने वाले कहने लगे कि भाई, आज तो कल्लू ने कमाल कर दिया! ठीक है, मालिक को देखकर सबकी छाती बढ़ती है। जकिया डफाली को देख-देखकर ही उसे रोज़ पछाड़ता था। आज पण्डित जी को देख्कर कल्लू ने नीचा दिखाया। मैंने देखा—पण्डित जी का चेहरा खिल उठा था, मानो मैंने उनकी लज्जा रख ली। अब उन्होंने मेरी खुराक कुछ बढ़ा दी। उधर जकिया पर डफाली और भी तवज्जह करने लगा।

एक दिन की बात है कि माता जी डफाली के दरवाजे पर पहुँच गईं। उस समय जकिया वहाँ मौजूद न था। डफाली ने माता जी की दीन दशा देखकर एक टुकड़ा फेंक दिया। ज्योंही माता जी टुकड़ा उठाने को आगे बढ़ी कि जकिया पहुँच गया और माता जी पर टूट पड़ा। संयोग से वहीं पर मैं भी पहुँच गया। फिर क्या था! जकिया से जान बचाकर माताजी मुझसे भिड़ गईं।

मैं तो उन पर वार करना नहीं चाहता था, लेकिन वे पूरी ताकत से मुझ पर वार करने लगीं। उस समय मुझे बड़ी हँसी आती थी। पेट भी क्या चीज है। इसके लिए लोग अपने-पराए को भूल जाते हैं। नहीं तो अपनी सगी माता और अपना सगा भाई क्यों दुश्मन हो जाते? यह तो हम जानवरों की बातें हैं। मनुष्यों की ईश्वर जाने!

3

मेरे पण्डित जी के घर अनाज बहुत होता था। घर कच्चा था, और चूहों ने अपना अड्डा जमा लिया था। उनके उपद्रव से घरवालों का नाको दम था। वे लोग चाहते थे कि चूहेदानी लगाकर इनका सर्वनाश कर दिया जाए। मगर पण्डित जी यह कहकर टाल देते थे कि चूहे गणेश जी के वाहन हैं। इन्हें तकलीफ नहीं देनी चाहिए। इनके खाने से कितना अनाज कम हो जाएगा? उनका विश्वास था कि चूहे जितना गल्ला नुकसान करते हैं, उसका चौगुना श्रीगणेश जी की दया से ऊपज में बढ़ जाता है, इसलिए जब वह किसी को चूहेदानी लगाते देखते, तो उससे पचासों बातें कहते।

पण्डित जी की धाक लोगों पर खूब बैठ गई। जब कहीं देवताओं की भक्ति की चर्चा होती, तो पण्डित जी का नाम पहले लिया जाता था। कैसे सज्जन हैं कि इतना नुकसान सहने पर भी चूहों को नहीं मारते। नहीं तो लोग आदमी की जान तक ले लेते हैं।

जब तक चूहे अनाज की लूट मचाते रहे, तब तक तो पण्डित जी अपनी प्रतिज्ञा पर डटे रहे, लेकिन जब उनके वार कपड़े-लत्ते पर भी होने लगे, तो उनके आसन डोल गए। जाड़ों के कपड़े कुछ सन्दूकों में रखे हुए थे, कुछ अलगनियों पर। गर्मियों में किसी ने उसकी परवाह न की। बरसात में जब उन्हें धूप में डालने के लिए निकाला गया, तो सारे कपड़े कुतरे पड़े थे। उन्होंने लकड़ी का सन्दूक तक काट डाला था। पण्डित जी की आँखों में खून उतर आया। चूहों ने एक-एक चीज में हज़ारों छेद कर दिए थे। दो-ढाई सौ रुपए पर पानी फिर गया था। अब तो पण्डित जी ने ठान लिया कि जैसे भी होगा, इन चूहों का सर्वनाश करके ही छोड़ूँगा। उसी दिन एक बिल्ली पाली और तीन-चार चूहेदानियाँ मँगवाईं। फिर क्या था। रोज़ाना चूहे फँसने लगे। मुझे भी विनोद का मसाला मिल गया। यों तो मैं सच्चा हिन्दू और पूरा ब्राह्मण हो गया था, क्योंकि विशेषकर ब्राह्मण ही का अन्न-जल खाना-पीना पड़ता था। मांस पर रुचि ही न होती थी; लेकिन शिकार खेलने में बड़ा मज़ा आता था। मज़ा क्यों न आता, यह तो मेरी खानदानी बात थी।

जब पण्डित जी चूहेदानी खोलते, उस समय कल्लू-कल्लू पुकारते। मैं कहीं पर भी होता, तीर की तरह वहाँ पहुँच जाता। उस समय मैं जो खिलवाड़ करता था, वह देखने लायक होता था। चूहों को खेला-खेलाकर जान से मार डालता था, पर खाता न था।

मगर भाई जकिया पक्का मुसलमान था, रोज़ मांस खाता। वह भी उस शिकार में शामिल हो जाता था और कभी-कभी माता जी भी पहुँच जाती थीं। उन दिनों

उनका पेट खूब भरने लगा। फिर तो मन-ही-मन हम लोगों को आशीर्वाद देने लगीं। शायद उन्हें पिछले बच्चों की याद भी आने लगी हो। यदि वे भी जीते होते तो उनकी खूब सेवा करते। भाई साहब के जी में आता तो दो-एक चूहों को पेट में रख लेते, मगर मैं तो बाबा कालभैरव जी की शपथ खाकर कहता हूँ कि खाने के लिए सूँघता भी न था।

उस समय चूहों की जान लेने में हम लोगों को ज़रा भी दया न आती थी। यह खयाल भी न होता था कि इनमें भी जान है। अब मैं सोचता हूँ, तो मालूम होता है कि बच्चे जो हम लोगों को अपने विनोद के लिए कष्ट देते थे, वह कोई निर्दयता का काम नहीं करते थे। विनोद में इन सब बातों पर ध्यान ही नहीं दिया जाता। पण्डित जी बहुत खुश होते, जब हम लोग चन्द मिनटों में पचासों चूहों को सदा के लिए बेहोश कर देते। उस समय पण्डित जी पर मुझे बहुत हँसी आती थी। अब इनके गणेश जी क्या हुए? क्या अब ये चूहे गणेश जी के वाहन नहीं हैं? क्या अब इस हत्या से नाराज़ होकर गणेश भगवान पण्डित जी को दण्ड न देंगे? वाह, क्या समझ है। इससे तो यही मालूम होता है कि जिस बात से लोगों को नुकसान कम होता है और प्रतिष्ठा बहुत बढ़ती है, उसे तो लोग हँसते-हँसते बर्दाश्त करते हैं, लेकिन जब अधिक हानि पहुँचती है, तो सब प्रतिज्ञा टूट जाती है।

4

जिस गड्ढे में फेंक-फेंककर मुझसे लड़के खेलते थे, उसी में गाँव के सभी छोटे-बड़े नहाते-धोते थे। गड्ढा था भी बहुत गहरा। इसीलिए बारहों महीना पानी भरा रहता था। कच्चा होने पर भी उसका पानी स्वच्छ था। पण्डित जी की स्त्री अपने छोटे बच्चे को रोज़ाना सावधान करती थी कि खबरदार। उस गड्ढे की ओर कभी न जाना, नहीं तो डूब जाओगे। प्रायः सभी माँ-बाप अपने बच्चों को ऐसी चेतावनी देते रहते, मगर लड़के कब मानने लगे? माँ-बाप की नज़रें बचाकर गड्ढे पर पहुँच ही जाते और तरह-तरह के खेल खेलते। कोई पानी में कत्तल फेंकता, कोई मेंढकों पर निशाना लगाता, कुछ सयाने लड़के पानी में कूद जाते और तैरने का अभ्यास करते।

होनहार को कौन रोक सकता है? गाँव के कुछ लड़के गड्ढे में तैर रहे थे। पण्डित जी का छोटा लड़का भी पहुँच गया। पहले तो वह किनारे पर ही खेलता रहा, मगर उसके जी में आया कि ज़रा मैं भी तैरूँ। आगे बढ़ा ही था कि पाँव फिसल गए

और डूबने लगा। सब लड़के घबराकर चिल्लाने लगे—''लड़का डूबा, लड़का डूबा।'' मगर किसी की निकालने की हिम्मत न पड़ती थी। अगर कोई सयाना होता, तो कुछ कोशिश भी करता। यों तो डूबते हुए को निकालने में सभी डरते हैं। डूबनेवाला बचानेवाले को इस तरह पकड़ लेता है कि दोनों डूबने लगते हैं। इस काम के लिए बहुत होशियार आदमी की जरूरत होती है। यही बात वहाँ भी हुई। पण्डित जी का बड़ा लड़का संयोग से नहाने आ रहा था। भाई को डूबते देखा, तो तुरन्त कूद पड़ा। पर छोटे लड़के ने बड़े लड़के को इस प्रकार पकड़ लिया कि दोनों डूबने लगे। फिर तो लड़कों ने और भी शोर मचाया। बात ही बात में गाँव-भर में शोर मच गया—''रामू और श्यामू दोनों डूब रहे हैं, चलो निकालो, नहीं तो एक भी न बचेगा।'' चन्द मिनटों में गड्ढे पर मर्दों और औरतों की भीड़ लग गई। पर कूदने में सब पसोपेश में थे।

इतने में मैं भी वहाँ पहुँच गया। सारी बातें चट समझ में आ गईं। तुरन्त पानी में तीर की तरह घुसा। उस समय प्रायः दोनों लड़के डूब चुके थे। सिर्फ ज़रा-ज़रा बाल दिखाई पड़ रहे थे। मैंने दाँतों से उनके बाल पकड़ लिये और पलक मारते किनारे पर खींच लाया। लोग मेरा यह साहस देखकर दंग रह गए। पण्डित जी उस समय किसी काम से बाहर गए थे। संयोग से वे भी उसी समय आ गए थे और आदमियों की भीड़ देखकर बाहर-ही-बाहर वहाँ पहुँच गए। क्षण-भर में उन्हें सब बातें ज्ञात हो गईं। फिर तो उन्होंने मुझे उठाकर छाती से लगा लिया। पण्डित जी के आने से पहले ही लोगों ने लड़कों के पेट से पानी बाहर कर दिया था। वे स्वस्थ हो गए थे। अब तो गाँव-भर में मेरी खूब तारीफ होने लगी—''यह कुत्ता पूर्व-जन्म का कोई देवता है; किसी बात से चूका और कुत्ते का जन्म पा गया।'' कोई कहता—''नहीं, इस पर भैरवनाथ का अवतार है। देवताओं की इच्छा ही तो है, जिस पर रीझ जाएँ।'' उस दिन से पण्डित जी मुझे अपनी जान से अधिक प्यार करने लगे। अब मुझे पेट के लिए किसी दूसरे के दरवाजे पर नहीं जाना पड़ता था।

उस समय जकिया भी वहाँ मौजूद था। उसकी मूर्खता तो देखिए, जिस समय लड़कों को निकालकर मैं बाहर आ रहा था, वह बड़े कर्कश स्वर में भौं-भौं चिल्ला रहा था। इस पर कुछ लोगों ने उसे ढेले मारकर भगा दिया। ठीक ही था, कहाँ तो घबराए हुए लोग लड़कों की जान बचाने की कोशिश कर रहे थे, कहाँ वह व्यर्थ चिल्ला रहा था! डफाली उसकी यह हरकत देखकर चिढ़ गया। चिढ़ता क्यों न? उसकी तो यह उम्मीद थी कि उसका कुत्ता कभी नाम करेगा। उसने उसे खिलाने-पिलाने में कोई कसर न रखी थी, मगर वहाँ पर सबके मुँह से जकिया के

लिए दुर-दुर निकल रहा था। उसी दिन से न जाने क्यों वह मुझसे विशेष प्रेम करने लगा। जहाँ देखता, उठा लेता और घण्टों तक मेरी गर्दन सहलाता। इस पर उसे मैं धन्यवाद देना चाहता था, पर सिवा पूँछ हिलाने के और क्या कर सकता था। अब उसकी आँख जकिया की ओर से धीरे-धीरे फिरने लगी। मैं अपने भाई से वैर नहीं करना चाहता था; लेकिन जकिया मेरी जान का दुश्मन हो गया। जहाँ देखता, मुझसे भिड़ जाता। मज़बूत था ही, मुझे हार माननी पड़ती।

5

अब, पण्डित जी, जो कुछ लाते, उसमें अपने लड़कों की तरह मेरा भी हिस्सा लगाते। मैं भी हर वक्त पण्डित जी के साथ-ही-साथ रहता था। वह किसी काम से बाहर जाते, तो मुझे बहुत दुःख होता। जब वह लौटकर आ जाते, तो पूँछ हिला-हिलाकर नाचने लगता। इससे शायद वह भी खिल उठते, क्योंकि उनके चेहरे पर प्रसन्नता की एक गहरी झलक दिखाई पड़ती थी।

एक दिन पण्डित जी के मटर के खेत में एक गड़रिए की भेड़ें पड़ गईं। पण्डित जी ने देखा तो उसे डाँट दिया। कुछ दिनों बाद गड़रिए ने फिर वही शरारत की। इस बार पण्डित जी डाँट-फटकार के बाद दो-तीन थप्पड़ भी जमा दिए। मैंने समझा कि गड़रिया अब ऐसी भूल न करेगा, मगर दो-तीन दिन के बाद उसने फिर अपनी भेड़ें पण्डित जी के खेत में डाल दीं। उस दिन पण्डित जी को बहुत गुस्सा आया। उन्होंने उसे ज़मीन पर पटककर लातों और घूँसों से खूब मारा। मैंने भी गुस्से में आकर उसे खूब काटा, नोचा।

उस दिन तो गड़रिया चला गया, दूसरे दिन से वह मेरी खोज में रहने लगा। मुझे पण्डित जी के साथ देखता, तो होंठ चबाकर रह जाता। मैं भी ताड़ गया था कि यह मुझे अकेला पाते ही अवश्य वार करेगा; इसलिए मैं पण्डित जी का साथ कभी भूलकर भी न छोड़ता था।

अब गड़रिए की भेड़ें पण्डित जी के खेत में कभी न पड़ती थीं। गड़रिया अब बदला लेने पर तुला हुआ था।

एक दिन की बात सुनो—पण्डित जी की ईख की खेती बहुत अच्छी थी। गाँववाले अक्सर कहा करते थे कि इस साल पण्डित जी सबसे बाजी मार ले जाएँगे। गड़रिए ने सोचा—''इस खेत में आग लगा दो, सारी कसर निकल जाएगी।'' आधी रात के समय खेत पर पहुँच तो गया। लेकिन बच्चू यह नहीं जानता था कि यहाँ पर

भी मेरा ही पहरा रहता था। ज्योंहि आग की चिनगारी ईख में फेंककर उसने भागने का विचार किया कि मैंने झपटककर उसके पाँव पकड़ लिये। वह अचकचाकर गिर पड़ा। क्यों न गिर पड़ता, चोरों का कलेजा ही कितना। बच्चू ने भागने की बहुत कोशिश की, मगर एक न चली। खैरियत यह थी कि खेत गाँव से थोड़ी ही दूर पर था। एकाएक ज्वाला उठी, तो गाँववाले चटपट पहुँच गए। मुझे गड़रिए का पैर पकड़े देखकर लोग समझ गए कि यह इसी की बदमाशी है। जो आता, गड़रिए की पूजा (पिटाई) करके ही आग बुझाने जाता। उस बदमाश की ऐसी मरम्मत हुई कि मरने को हो गया। इतने पर भी लोगों को सन्तोष न हुआ। सलाह हुई कि इसे थाने ले चलो, मगर पण्डित जी ने उसे यों ही छोड़ दिया। लोगों से कहा–"जब तक ईश्वर न बिगाड़ेगा, आदमी कुछ नहीं कर सकता।" मसल है–

"जाको राखे साइयाँ मार न सकिहैं कोय।"

गाँववालों को पण्डित जी के इस व्यवहार पर बड़ा आश्चर्य हुआ, क्योंकि ऐसी दशा में उसे पूरा दण्ड दिलाए बिना कोई भी न छोड़ता। मैं तो कहता हूँ कि यदि सब ईख जल गई होती और गड़रिया पकड़ लिया जाता, तो पण्डित जी जीता न छोड़ते, मगर यहाँ तो दयालुता का सिक्का जमाना था। क्यों न क्षमा कर जाते। नहीं तो कहलाने को पण्डित जी ब्राह्मण थे, पर दरवाज़े पर भिखमंगों को भीख भी नहीं मिलती थी।

उस दिन से पण्डित जी मुझ पर और प्रेम करने लगे। सारे गाँव पर मेरी धाक बँध गई, लेकिन वह नर-पिशाच इसी फिक्र में रहता कि कब इसका अन्त कर दूँ। रात-दिन मेरी ही खोज में रहता, मगर ईश्वर की दया से मेरा बाल भी बाँका न कर सका।

आखिर उसे एक तरकीब सूझ गई। वह जकिया को खूब खिलाने-पिलाने लगा। पहले तो डफाली ने जकिया को अपने घर से प्रायः निकाल ही दिया था। कभी-कभी दूसरे कुत्तों की तरह उसे भी कौर दे देता था। बात यह थी कि एक दिन एक पुलिस का आदमी उस डफाली के दरवाज़े पर रात को गश्त करने आया था। उस समय जकिया ने उसे काट खाया था। पुलिस के आदमी ने डफाली को बहुत तंग किया था, तभी से डफाली को जकिया से घृणा हो गई थी। उसकी तो ऐसी इच्छा हो गई थी कि जकिया दरवाजे पर भी न रहे, मगर बहुत दिनों की मुहब्बत के सबब से उसे कुछ-न-कुछ देना ही पड़ता था।

जकिया ताकतवर तो बहुत था, मगर उसे भले-बुरे का ज्ञान न था। जभी चाहता, बेसुरा राग छेड़ देता। कभी-कभी देवमन्दिरों में हड्डियाँ रख आता। इससे गाँववाले

भी चिढ़ गए थे। गुण उसमें यही था कि वह मजबूत बहुत था। क्या मजाल कि कोई दूसरे गाँव का कुत्ता आ जाए। गीदड़ों की तो उसे देखते ही नानी मर जाती थी। हिरन और नील गाएँ जो पहले खेत तहस-नहस कर देते थे, अब गाँव में आने का नाम न लेते। एक बन्दर ने गाँव में उत्पात मचा रखा था। बच्चों के हाथ से रोटी छीन लेता, औरतों को रास्ते में रोक लेता और जो कुछ उनके पास होता, वह लिये बिना पिण्ड न छोड़ता। लोगों को राह चलना मुश्किल हो गया था। गाँव-भर की खपरैल उलट दी थी। जकिया ने उसे ऐसा झंझोड़ा कि बच्चू ने फिर सूरत ही न दिखाई।

हाँ, तो गड़रिए ने जकिया को इसी इरादे से खिलाना-पिलाना शुरू किया कि वह मुझसे बदला ले, मगर जकिया भी छँटा हुआ था। जो हमेशा मछली और मांस का आदी था, वह भला रूखे-सूखे सत्तू पर कैसे टिक सकता? गड़रिए की आँख बचाकर भेड़ों पर हाथ साफ करता। इस पर एक दिन गड़रिए ने उसे बाँधकर खूब पीटा। तब से जकिया उसके यहाँ से भाग गया। अब वह किसी का नहीं था। कहलाता तो था डफाली वाला कुत्ता, मगर डफाली से उसका कुछ भी सम्बन्ध न था।

अब गड़रिए ने निश्चय किया कि जैसे भी होगा, मुझे जान से मार डालेगा, चाहे उसकी जान रहे या जाए। एक दिन उस कमबख्त ने जान पर खेलकर वार कर ही दिया। बात यह थी कि पण्डित जी मन्दिर में पूजा कर रहे थे और मैं नीचे बैठा झपकी ले रहा था। पण्डित जी आँख मूँदकर श्री शिवजी का ध्यान कर रहे थे। डफाली ने पूरी ताकत के साथ एक लाठी जमा ही तो दी। लाठी ऐसी घात से लगी कि मेरे मुँह से एक चीख निकल गई। फिर मुझे कोई खबर न थी कि मैं कहाँ हूँ। जब होश आया, तो अपने को जानवरों के अस्पताल में पाया। कुछ दिनों में अच्छा होकर अस्पताल से चला आया, मगर मेरी कमर बहुत कमज़ोर हो गई थी। जब-जब पूर्वी हवा चलती, जान ही निकल जाती थी। पीछे पण्डित जी से पता लगा कि वे मेरी उस चीख को सुनकर पूजा छोड़ बाहर निकल आए और देखा कि गड़रिया दूसरा वार करना चाहता हैं झट दौड़कर उसे पकड़ लिया और उसकी लाठी से उसे खूब पीटा। तब उसका चालान कराके छः महीने के लिए सज़ा करवा दी। फिर तो जेल में उसकी जो दुर्गति या सुगति हुई होगी, उसका अनुभव तो वही करेगा जो कभी जेल गया होगा। ये सब बातें पण्डित जी अपने मित्रों से कहते थे, तो मैं सुनता था। उस समय से पण्डित जी पर मुझे बहुत गर्व रहने लगा। मेरा विश्वास था कि पण्डित जी के रहते मुझे किसी प्रकार का कष्ट न होगा। कभी मैं पछताता कि आदमी क्यों न हुआ?

मेरी माता जी की दशा दिन-दिन खराब होती जाती थी। भूख, चिन्ता, मार इन सब कारणों ने मिलकर उन्हें पागल बना दिया। एक खंडहर में अकेली पड़ी रहतीं। मैं एक बार उन्हें देखने गया था। मुझ पर इतनी तेज़ी से झपटीं कि मैं भाग न जाऊँ तो मुझे ज़रूर काट खाएँ। उधर से लोगों ने आना बन्द कर दिया। संयोग की बात, गड़रिया उसी दिन सज़ा भुगतकर निकला था। एकाएक उसी दिन रास्ते में माता जी मिल गईं और उसके बहुत बचाने पर भी काट खाया। उनके दाँतों में इतना विष था कि दो-तीन दिनों में गड़रिया मर गया। किसी की मृत्यु पर खुश होना, चाहे वह अपना कट्टर शत्रु ही क्यों न हो, बुरी बात है, मगर मैं उछलने लगा। गड़रिया के मरने से मुझे बहुत खुशी हुई। अब मेरा कोई वैरी न था।

मगर इस खुशी ने मुझे जितना हँसाया, उतना ही उस खबर ने रुलाया कि उसके दो-तीन दिन बाद पुलिस ने माता जी को गोली मार दी। मैं कई दिन तक दुःखी रहा। भला संसार में ऐसा कौन होगा, जिसे माता के मरने पर मार्मिक शोक न हो?

अब जकिया के सिवा कोई मेरा सगा न रह गया था। उस समय कभी-कभी मैं सोचता—देखें हम दोनों का अन्त कैसे होता है? यद्यपि उस समय मैं खाने-पीने से सुखी था और जकिया दुःखी; मगर सन्तोष इतना ही था कि कहने को भाई तो है। कभी उसके भी दिन फिरेंगे। पहले उसने सुख भोगे, मैंने दुःख झेले। अब मैं सुख भोग रहा हूँ, और वह दुःख। किसी के दिन बराबर नहीं जाते।

जब कभी जकिया पण्डित जी के दरवाज़े पर आता, तो मैं कभी चिढ़ता न था। वह तो डरता था कि कहीं यह बदला न ले, मगर मैं वहाँ से टल जाता कि वह निश्चिंत होकर खा ले। कभी-कभी मुझे अधिक भोजन मिल जाता, तो मैं मुँह में रखकर जकिया के पास पहुँचा देता। वह दिखावे में तो प्रसन्न रहता, मगर दिल में मुझसे बराबर जला करता।

6

अँधेरी रात थी, पण्डित जी के घर के सभी लोग कहीं रिश्तेदारी में गए थे। घर पर मैं और पण्डित जी ही थे। पण्डित जी तो खर्राटे की नींद ले रहे थे, मगर मुझे नींद कहाँ? बार-बार घर का चक्कर लगाता रहा। चोरों ने समझा—आज सन्नाटा है। उन्होंने घर के नौकर से सारा भेद ले लिया था। मैं आहट पाकर पिछवाड़े गया, तो देखा कि एक दरवाजा खुला हुआ है और कुछ आदमी वहाँ खड़े होकर चौकन्नी आँखों से इधर-उधर देखते हुए धीरे-धीरे बातें कर रहे हैं। मैं उनकी बात न सुन सकता था, क्योंकि वहाँ से दूर था। थोड़ी देर में देखा—कोई भीतर से थाली-लोटा,

सन्दूक वगैरह निकाल-निकालकर बाहर के आदमियों को दे रहा है। अब तो सब बातें मेरी समझ में आ गई। मैं बड़े ज़ोरों से भौंकने लगा। इस पर चोरों ने मुझ पर ढेले फेंकने शुरू किए, मगर मुझे उन ढेलों की चिन्ता न थी। स्वामी का घर लुटा जा रहा है, भला यह कैसे देखा जाता। दौड़ता हुआ बरामदे में पण्डित जी के पास गया और उनकी चादर दाँतों से खींचने लगा। इस पर उन्होंने मुझे दो-तीन लातें जमा तो दीं, पर मैं बाज़ न आया। फिर चादर खींची और ज़ोर-ज़ोर से भौंकने लगा। तब पण्डित जी की नींद खुल गई। अब उनको किस तरह समझाऊँ कि तुम्हारा घर लूटा जा रहा है? बार-बार पिछवाड़े जाता ओर उनके सामने आ-आकर ज़ोरों से भौंकने लगता। इससे मेरी यही मंशा थी कि पण्डित जी पिछवाड़े चलकर देखें कि उनका घर लुटा जा रहा है और उसके बचाने का प्रयत्न करें। मेरी चुस्ती से चोरों की हिम्मत न पड़ती थी कि सामान लेकर भाग निकलें। मैं रास्ता रोके हुए था। दूसरे, सवेरा होने में थोड़ी ही कसर थी, इसलिए सब माल-असबाब उसी पासवाले गढ़े में डुबोते जाते थे। उनकी मंशा शायद यही थी कि दूसरी रात में माल-असबाब उठा ले जाएँगे। भला गढ़े के अन्दर कौन ढूँढने जाता है।

मुझे बार-बार गुस्सा आता था कि पण्डित जी की बुद्धि पर आज पत्थर क्यों पड़ गया है? वे मेरे इशारे क्यों नहीं समझ रहे हैं? सन्तोष यही था कि माल अभी बाहर नहीं गया था। आखिर मुझे एक उपाय सूझ गया। पलँग के नीचे पण्डित जी की लाठी पड़ी थी। उसे मैंने मुँह में उठा लिया और पिछवाड़े की तरफ बढ़ा। अब पण्डित जी मेरा इशारा समझ गए। तुरन्त लाठी लेकर पिछवाड़े पहुँचे तो देखते हैं कि चोर सारा माल-असबाब उठाए लिये जा रहे हैं। बुरी तरह घबरा उठे। उनके मुँह से केवल इतना निकला—''चोर! चोर।''

चोर का नाम सुनते ही ''पकड़ो! पकड़ो!... आ पहुँचे! आ पहुँचे!'' की आवाज़ें चारों ओर से आने लगीं। दम-भर में गाँव के सब लोग लाठियाँ ले-लेकर इकट्ठे हो गए, मगर चोरों का पता नहीं था।

अब यह फ़िक्र हुई कि चोर क्या-क्या ले गए। पण्डित जी के तो होश-हवास ही ठिकाने न थे। होश आने पर पण्डित जी ने घर के अन्दर आकर देखा, तो सब-कुछ गायब था। सिर पर बिजली-सी गिर पड़ी। लोगों ने उन्हें सँभाला और समझाने लगे—''भैया, इतना छोटा जी मत करो! रुपया-पैसा हाथ का मैल है। इसके जाने की क्या चिन्ता?'' लेकिन पण्डित जी बराबर हाय-हाय करते जाते थे। मेरी ओर कोई ताकता भी न था। मैं दौड़-दौड़कर गढ़े के पास जाता और ज़ोरों से भौंकता। फिर आता और पण्डित जी के पैरों पर मुँह रखकर पूँछ हिलाता, पर पण्डित जी

पैर खींच लेते थे। पैर खींच लेना तो कोई बात न थी, वह गुस्से में आकर लातें भी जमा देते थे, मगर मैं अपना काम बराबर किए जाता था। कब तक कोई इशारे को न समझेगा?

सभी तरह के लोग थे। कुछ लोग पण्डित जी को तसल्ली दे रहे थे, तो कुछ लोगों को हँसी उड़ाने की सूझ रही थी। कह रहे थे–इसी से कहा गया है कि अपनी कमाई में से कुछ-न-कुछ दान अवश्य करना चाहिए। जो लोग सब-कुछ अपने-आप हज़म करना चाहते हैं, उनका यही हाल होता है। पटवारी ने सलाह दी–"पण्डित जी, पुलिस को इत्तला कर दीजिए। शायद कुछ पता लग जाए।"

चौधरी बोले–"अजी, पुलिस का ढकोसला बहुत बुरा होता है। वे भी आकर कुछ-न-कुछ चूसते ही हैं। मैंने तो इतनी उम्र में सैकड़ों बार इत्तलाएँ कीं, मगर चोरी गई हुई चीज़ कभी न मिली।"

पण्डित जी ने दिल कड़ा कर उत्तर दिया–"हाँ, चौधरी, तुम ठीक कहते हो। तकदीर से उठी हुई चीज फिर कहाँ मिलती है।"

उधर तो ये बातें हो रहीं थीं, इधर मेरा काम जारी था। कुछ लोग मेरी हरकत देखकर कहने लगे–"देखो, पण्डित जी के साथ-साथ कुत्ता भी घबरा गया है। पण्डित जी समझदार होने के कारण शांत हैं, मगर यह बेसमझ कुत्ता बौखला उठा है।" ये बातें सुनकर मुझे उन पर हँसी आती थी। बेसमझ ये सब हैं कि मैं? घण्टों से इशारे कर रहा हूँ। पर किसी की समझ में बात नहीं आती, फिर भी अपने को समझदार कहते हैं? क्या कहूँ? कहीं मैं भी आदमी होता, तो दिखा देता।

एकाएक मुझे एक उपाय सूझ गया। मैं भीड़ को चीरता हुआ पानी में कूद पड़ा और एकदम नीचे घुसकर तह तक पहुँच गया। संयोग से एक कटोरी मुँह में आ गई। उसे लेकर बाहर निकला, तो मेरी बात सबकी समझ में आ गई। फिर क्या था। कई आदमी पानी में कूद पड़े और थोड़ी देर में सब सामान मिल गया। पण्डित जी इतने खुश हुए कि मुझे बार-बार उठा-उठाकर छाती से लगाने लगे। सब यही कहते थे कि कुत्ते में ऐसी समझ बहुत कम देखने में आई है। ज़रूर यह पूर्व-जन्म का कोई विद्वान रहा होगा। किसी पाप का प्रायश्चित करने के लिए इस योनि में आया है।

एक महाशय बोले–"पुराने ज़माने में जानवर आदमी की तरह बातें करते थे और आदमियों की बातें समझ भी जाते थे।"

इस पर चौधरी बोले–"बिल्कुल सत्य कहते हो भाई। रामायण में लिखा है–एक कुत्ते ने श्रीरामचन्द्र जी से अपनी कहानी कही थी। एक दिन श्रीरामचन्द्र जी का

दरबार लगा हुआ था, छोटे-बड़े, अमीर-गरीब सब जी खोलकर अपना-अपना हाल सुना रहे थे। इतने में एक कुत्ता भी आ पहुँचा और हाथ जोड़कर सामने खड़ा हो गया।

श्रीरामचन्द्र ने पूछा—'तू क्या कहना चाहता है?'

कुत्ते ने कहा—'भगवन! आज मेरे जीवन का अन्तिम दिन है। इसलिए उचित समझता हूँ कि आपके सम्मुख आपकी प्रजा को अपने अनुभव की कुछ बातें समझा दूँ, जिससे वे अपने-अपने जीवन में बहुत-सी बुराइयों से बच जाएँ।'

''कुत्ते की यह ज्ञान से भरी हुई बातें सुनकर सब लोग चकित हो गए। दरबार में सन्नाटा छा गया।

श्रीरामचन्द्र जी बोले—'तुम्हारा यह विचार सराहने योग्य है। अगर सभी लोग इस तरह के ज्ञानोपदेश किया करें तो मनुष्य का उससे बड़ा उपकार हो सकता है। पहले बताओ कि तुमने यह कैसे जाना कि तुम आज ही मर जाओगे?'

कुत्ते ने उत्तर दिया—'महाराज, यह तो मैं नहीं बतलाना चाहता था, लेकिन जब आपने पूछा है तो मुझे बतलाना ही पड़ेगा। मेरा विश्वास है जो जैसा करता है, वैसा ही फल भोगता है। आप कृपा कर गुण नामक ब्राह्मण के लड़के को बुलाकर पूछिए कि उसने आज मुझ निरपराध को क्यों लाठी से मारा? अब हुक्म हो तो मैं बैठ जाऊँ और बैठकर बातें करूँ, क्योंकि मेरी कमर टूट गई है और अब मैं खड़ा नहीं रह सकता। चोट ऐसी गहरी पड़ी है कि जान पड़ता है, आज ही मेरा अन्त हो जाएगा।'

थोड़ी ही देर में सिपाहियों ने अपराधी को लाकर खड़ा कर दिया। जब उससे पूछा गया कि तुमने कुत्ते को क्यों मारा, तो उसने हाथ जोड़कर कहा—'दीनबन्धु, मैं अपनी राह चला जा रहा था। बीच रास्ते में यह कुत्ता बैठा था। मैंने इसे हटने के लिए कई बार कहा, मगर यह हटा नहीं। इस पर मुझे गुस्सा आया और मैंने एक लाठी तानकर जमा दी।'

''श्रीरामचन्द्र जी ने पूछा—'अगर यह कुत्ता रास्ते में बैठा था, तो तुम किनारे से क्यों नहीं निकल गए?'

गुण—'भगवन्, मुझसे यह भूल हुई।'

श्रीरामचन्द्र जी—'और गुस्सा भी आया, तो लाठी इतने ज़ोर से क्यों मारी कि इसकी कमर टूट गई?'

गुण—'महाराज, मैं अपना अपराध स्वीकार करता हूँ। प्रभु जी जो दंड उचित समझें, दें।'

श्रीरामचन्द्र जी ने कुत्ते से पूछा—'तू इसे क्या दंड देना चाहता है?'

कुत्ते ने जवाब दिया—'न्याय जो दंड दिलाए, वह दिया जाए।'

श्री रामचन्द्र जी—'हम उसका फैसला तुम्हारे ऊपर छोड़ते हैं।'

कुत्ता—'तो इसे एक हाथी पर बिठाकर घर भेज दिया जाए और नगर के राजमन्दिर का महन्त बना दिया जाए।'

यह सुनकर सब लोग अचम्भे में आ गए। यह दंड है या पुरस्कार? श्रीरामचन्द्र जी भी यह रहस्य न समझ सके। पूछा—'यह क्या बात है कि जिसने तुम्हारे साथ ऐसा व्यवहार किया, उसे तुम यह पुरस्कार दे रहे हो?'

कुत्ता—'भगवन्, इसे पुरस्कार न समझिए, यह भयानक दंड है। यह ब्राह्मण-बालक अच्छे आचरण का होता, तो देवता हो जाता, मगर महन्त होने पर यह कुत्ता होगा।'

श्रीरामचन्द्र जी—'यह क्यों?'

कुत्ता—'यही तो मुझ पर बीत चुकी है। वही कथा कहने के लिए तो मैं आपकी सेवा में आया हूँ। इसके पहले मेरा जन्म भी ब्राह्मण-कुल में हुआ था। मेरे पिता भी एक मन्दिर के महन्त थे। जिस दिन कोई धनी-मनी आदमी मन्दिर में आनेवाला होता, उस दिन तो ठाकुर जी खूब सजाए जाते, मगर जिस दिन कोई आनेवाला न होता, उस दिन मन्दिर का दरवाजा भी न खुलता। एक दिन ऐसा ही कोई रईस, ठाकुर जी के दर्शन को आया था। पिता जी ने तरह-तरह की मिठाइयाँ बनाकर ठाकुर जी को भोग लगाया था। जब वे घर आए तो मैं रो रहा था। माता जी दूध और चावल गर्म कर रही थीं। पिता जी को देखते ही मैं मचल गया कि इन्हीं के हाथों दूध-भात खाऊँगा। पिता जी मुझे बहुत प्यार करते थे। मुझे तुरन्त गोद में उठा लिया और खिलाने लगे। उस समय वे ठाकुरजी की पूजा करके आए थे, इसलिए उनके नाखूनों में घी लगा हुआ था। गर्म दूध में पिछलकर घी उसमें मिल गया। मुझे क्या मालूम था कि ज़रा-सी घी मिल जाने के कारण मुझे इतना कठोर दंड मिलेगा। मैंने वेद पढ़ा और पढ़ाया, यज्ञ कराए और बड़ी निष्ठा से अपने धर्म का पालन करता रहा, मगर जब यमराज के पास पहुँचा, तो उन्होंने कहा कि एक तो यह पाखण्डी महन्त का लड़का है। दूसरे, इसने उसका कमाया हुआ अन्न खाया है। तीसरे, ठाकुरजी के चढ़ाए हुए घी को जूठा कर दिया। इसलिए इसे कुत्ते की योनि में भेजा जाए। मैं बहुत रोया, मगर किसी ने मेरी न सुनी। मैं वही कुत्ता हूँ। अतः आप लोग समझ सकते हैं कि मैंने दण्ड दिया है या पुरस्कार।'

इतना कहकर कुत्ता बेहोश हो गया और ऐसा गिरा कि फिर न उठा।

सवेरा हो रहा था, सब लोगों ने अपने-अपने घर की राह ली। कुत्ते की वह

कथा सुनकर मुझे अपनी दशा पर बहुत दुःख हुआ। एक समय वह था कि पशुओं के साथ भी न्याय किया जाता था। एक समय यह है कि पशुओं की जान का कोई मूल्य ही नहीं। इसके साथ ही यह सन्तोष भी हुआ कि पशु होने पर भी मैं ऐसे धूर्त महन्तों से तो अच्छा ही हूँ।

पण्डित जी उस दिन से मुझसे और भी स्नेह करने लगे। किसी से भेंट होती, तो मेरी ही चर्चा करने लगते—यह कुत्ता नहीं, मेरे पूर्व-जन्म की सन्तान है।

7

उन्हीं दिनों गाँव में कई जंगली सूअर आ गए। उनके उत्पात से सारे गाँव में हाहाकार मच उठा। जिस खेत में वे घुस जाते, उसे बरबाद ही करके छोड़ते। किसमें इतनी हिम्मत थी कि उनका सामना करता? शाम ही से रास्ता बन्द हो जाता था। मेरे जी में तो यह उमंग आती थी कि एक बार जान पर खेलकर उन दुष्टों पर झपट पड़ूँ, पर मेरी कमर अभी अच्छी न हुई थी। मैं भला उन भयंकर जन्तुओं से क्या भिड़ता? लाचार था। हाँ, जकिया खूब मोटा-ताज़ा था, वह हिम्मत करता तो एकाध को मारकर ही छोड़ता, पर वह कायर था। सूअरों की सूरत देखते ही कोसों भागता और जब समझ जाता कि यहाँ तक सूअर न आ सकेंगे, तो गला फाड़-फाड़कर चिल्लाता। सबसे बड़ा खेद तो यह था कि गाँव में सैकड़ों आदमी थे, पर किसी में इतना साहस नहीं कि उन्हें ललकारे। कुत्तों को मारने में तो सभी शेर थे, पर सूअरों के सामने सब-के-सब बिल्ली बने हुए थे।

आखिर एक दिन लोगों ने थाने में जाकर फरियाद की। थाने का सबसे बड़ा अफसर अच्छा शिकारी था। उसे खबर मिली, तो एक दिन कई कुत्ते लेकर गाँव में आ पहुँचा। गाँव के सब आदमी तमाशा देखने के लिए जमा हो गए। पण्डित जी भी मुझे साथ लेकर चले। उनका लड़का भी चलने को तैयार हुआ, पर पण्डित जी ने उसे साथ ले चलना मंजूर न किया। बोले—"वहाँ क्या मिठाई बँट रही है कि जाकर ले लोगे? कहीं सूअरों के सामने आ गए तो प्राण न बचेंगे। मैं तो गाँव का मुखिया ठहरा, मजबूर हूँ, तुम जान-बूझकर क्यों अपनी जान जोखिम में डालते हो?" यह बात सुनकर लड़का सहम उठा और साथ चलने का नाम न लिया।

जब मैं साहब के समीप पहुँचा, तो पहले-पहल मेरी निगाह उन कुत्तों पर पड़ी, जो साहब के साथ आए हुए थे।

वे सब एक गाड़ी पर बैठे हुए थे, जिसे लोग मोटर कहते थे। अपने उन भाग्यवान भाइयों को देखकर मैं गर्व से फूल उठा। मेरी जाति में भी ऐसे लोग हैं, जो इतने

बड़े अफसर के साथ मोटर में बैठते हैं। सब-के-सब कितने साफ-सुथरे थे। यहाँ तो वर्षों से नहाने की नौबत नहीं आई थी। बालों में हज़ारों किलनियाँ भरी हुई थीं। मैं तो अपने भाइयों को देखकर आनन्द से फूला न समाता था, और मूर्ख जकिया उन्हें देख-देखकर ऐसा भौं-भौं कर रहा था, मानो उसके लिए और कोई काम ही न था। गाँव के लोग बराबर मना करते, डाँटते, पत्थर मारते, पर वह किसी तरह चुप न होता था। मालूम नहीं, उसके मन में क्या बात थी। क्या वह इतना भी नहीं समझता था कि ये लोग गाँव का अहित करने नहीं आए हैं? नहीं तो क्या गाँव के आदमी उन्हें मार न भगाते? इसके सिवा और क्या कहा जाए कि उसकी मूर्खता थी। मैंने अपनी जाति में यह बहुत बड़ा ऐब देखा है कि एक-दूसरे को देखकर ऐसा काट खाने को दौड़ते हैं, गोया उनके जानी दुश्मन हों। कभी-कभी अपने उजड्ड भाइयों को देखकर मुझे क्रोध आ जाता है, पर मैं ज़ब्त कर लेता हूँ। मैंने पशुओं को देखा है ऐसे जो आपस में प्यार से मिलते हैं, एक-साथ सोते हैं, कोई चूँ तक नहीं करता। मेरी जाति में यह बुराई कहाँ से आ गई—कुछ समझ में नहीं आता। अनुमान से यह कह सकता हूँ कि यह बुराई हमने आदमियों से ही सीखी है। आदमियों में ही यह दस्तूर है कि भाई से भाई लड़ता है, बाप बेटे से, भाई बहन से। भाई एक-दूसरे की गर्दन तक काट डालते हैं, बेटा बाप के खून का प्यासा हो जाता है, दोस्त दोस्त का गला काटता है, नौकर मालिक को धोखा देता है। हम तो आदमियों के ही सेवक हैं, उन्हीं के साथ रहते हैं। उनकी देखा-देखी अगर यह बुराई हममें आ गई तो अचरज की कौन बात है? कम-से-कम हममें इतना गुण तो है कि अपने स्वामी के लिए प्राण तक देने को तैयार रहते हैं। जहाँ उसका पसीना गिरे, वहाँ अपना खून तक बहा देते हैं। आदमियों में तो इतना भी नहीं। आखिर ये साहब के कुत्ते भी तो कुत्ते ही हैं। वे क्यों नहीं भौंकते? क्यों इतने सभ्य और गम्भीर हैं? इसका कारण यही है कि जिसके साथ वे रहते हैं, उनमें इतनी फूट और भेद नहीं है। मुझे तो वे सब देवताओं-से लगते थे। उनके मुख पर कितनी प्रतिभा थी, कितनी शराफत थी।

साहब बहादुर अपने कुत्तों को साथ लिये वहाँ पहुँचे, जहाँ सुअरों का अड्डा था। वहाँ पहुँचकर उन्होंने सीटी बजाई और सभी कुत्ते चौकन्ने हो गए। उनकी आँखें चमकने लगीं, नथुने फड़कने लगे, छातियाँ फूल उठीं, मानो सब-के-सब साहब का इशारा पाने के लिए अधीर हो रहे थे। उनका उत्साह अब उनके रोके न रुकता था।

सूअरों ने भी शायद समझ लिया था कि आज कुशल नहीं। एक भी बाहर न निकला। जब गाँववालों ने ईख के खेतों में घुस-घुसकर शोर मचाना शुरू किया,

तो एक सुअर बाहर निकला। यह जमघट देखकर वह कुछ घबरा गया। शायद देख रहा था कि किसी तरफ से भाग निकलने का मौका है या नहीं। एकाएक साहब के कुत्ते उस पर टूट ही पड़े। देखते-देखते उस सूअर का काम तमाम हो गया। उनकी यह बहादुरी देखकर लोग वाह-वाह करने लगे। मेरे मुँह से भी निकल गया—शाबाश भाइयो! सच्चे मर्द तुम्हीं हो।

अब मेरे दिल में भी उमंग उठी। सोचा—एक-न-एक दिन मरना तो है ही। आज कुछ कर दिखाना चाहिए। आपस में लड़कर या आदमियों के डण्डे खाकर मर जाने में कौन बहादुरी है। मैदान में मर भी जाऊँगा तो नाम तो रह जाएगा। इन कुत्तों को भी मालूम हो जाए कि इस गाँव में भी कोई वीर है।

इतने में एक दूसरा सूअर सामने से आता दिखाई दिया। विलायती कुत्ते दौड़े। साथ ही मैं भी चला। वे सब चाहते थे कि पहले हम शिकार तक पहुँचें, मैं चाहता था मैं पहुँचूँ। हम सभी जी तोड़कर दौड़े, और कुछ ऐसा संयोग हुआ कि सूअर पर पहला वार मेरा ही हुआ, शेष सब कुत्ते पीछे रह गए। अगर सूअर डटकर खड़ा हो जाता, तो शायद मुझे भागना ही पड़ता, मगर वह हम लोगों को देखकर कुछ ऐसा घबराया कि सीधा भागा। फिर क्या था। हमने उसे पीछे से नोचना शुरू कर दिया। सब-के-सब कुछ इस तरह चिपटे कि उसे मारकर ही छोड़ा। अब लोगों को भी मालूम हुआ कि मुझमें भी जीवट है। साहब भी खुश हुए। उन्होंने मुझे बुलाकर मेरा सिर थपथपाया। पण्डित जी भी साहब के पास ही खड़े थे। मेरा सम्मान देखकर खिल उठे।

साहब ने पूछा—"वेल, यह किसका कुत्ता है?"

पण्डित जी ने हाथ जोड़कर कहा—"हुजूर, यह मेरे ही यहाँ रहता है।"

साहब—"आपका कुत्ता बड़ा बहादुर है।"

पण्डित जी ने कहा—"सरकार का इकबाल है।"

बात पूरी भी न निकलने पाई थी कि एकाएक तीसरा सूअर निकला और साहब पर झपटा। साहब के हाथ-पाँव फूल गए। यदि एक क्षण की और देर होती तो सूअर उन्हें ज़रूर मार डालता। उनके हाथ में बन्दूक तो थी, पर वह ऐसे घबरा गए कि उसे चला न सकते थे। मैंने देखा कि मामला नाजुक है, अन्य कुत्ते दूर थे, मैं वहाँ अकेला ही खड़ा था। सूअर से भिड़ना जान-जोखिम का मामला था, पर साहब की प्राण-रक्षा करना जरूरी था। मैंने पीछे से लपककर सूअर की टाँग पकड़ ली। उसका पीछे फिरना था कि साहब सँभल गए और बन्दूक चलाई। सूअर तो गिर पड़ा, लेकिन मुझे बुरी तरह घायल कर गया। घण्टों होश न रहा कि कहाँ हूँ? जब होश आया,

तो देखा कि मैं रुई के गद्दे पर लेटा हुआ हूँ और दो-तीन आदमी मेरे घावों को धो रहे हैं।

8

साहब के बँगले पर मुझे ऐसी-ऐसी चीजें खाने को मिलने लगीं, जिनका खयाल मुझे स्वप्न में भी न था। पहले कभी-कभी सौभाग्य से कोई हड्डी मिल जाती थी, अब दोनों वक्त ताजा मांस खाने को मिलता। कभी-कभी दूध भी मिल जाता। खानसामा रोज़ साबुन लगाकर नहलाता। पहले तो मुझे साबुन का नाम भी नहीं मालूम था, क्योंकि पण्डित जी के यहाँ साबुन लगाने का रिवाज न था। अब जब साहब नौकर से कहते—कल्लू को सोप से नहलाओ, तो वह कोई टिकिया-सी चीज लेकर मेरे गीले बदन पर रगड़ता। उस वक्त मेरे बदन से सफेद फेन निकलने लगता था, ठीक वैसे ही जैसा दूध का फेन होता है। उस फेन से ऐसी खुशबू निकलती थी कि जी खुश हो जाता था। साहब शाम के वक्त मुझे मोटर पर बैठाकर हवा खिलाने ले जाते। मेम साहब भी साथ होतीं। उस वक्त उनकी बात तो मेरी समझ में न आती, लेकिन बार-बार कल्लू का नाम सुनकर समझ जाता कि मेरी ही चर्चा हो रही है। मेम साहब कभी-कभी मुझे गोद में उठा लेती और मेरा मुँह चूमतीं। उस समय मुझे कितना आनन्द मिलता था, कह नहीं सकता। मैं भी पूँछ हिलाता और उनकी गरदन से लिपट जाता। अगर वह मेरी बोली समझ सकतीं, तो उन्हें मालूम हो जाता कि हम लोग प्यार का जवाब देने में आदमी से कम नहीं हैं।

कुछ दिन मुझे पण्डित जी की याद बराबर सताती रही, लेकिन धीरे-धीरे सारी पिछली बातें भूल गईं। सुख में दुःख की बातें किसे याद रहती हैं।

एक दिन शाम के वक्त हम लोग सैर करने जा रहे थे, तो क्या देखता हूँ कि बेचारे पण्डित जी चले आ रहे हैं। पण्डित जी को देखते ही मुझे पिछले दिन याद आ गए, मोटर से कूद पड़ा और उनके पैर पर मुँह रखकर पूँछ हिलाने लगा। पण्डित जी ने मेरे सिर पर हाथ फेरा, तो मैंने देखा कि उनकी आँखें डबडबा आई हैं। उनके मुँह पर धूल जमी हुई थी, होंठ सूख गए थे और पैरों पर मानो गर्द जमी हुई थी। कपड़े तो इतने मैले हो गए थे कि साहब का मेहतर भी न पहनता। मुझे उन पर दया आ रही थी।

साहब ने पूछा—"वेल पण्डित, हैं तो अच्छी तरह?"

पण्डित—"सरकार की दया है।"

साहब—"क्या काम है?"

पण्डित–''हुजूर, अपने कल्लू को देखने आया हूँ। सरकार, क्या कहूँ, जब से यह चला आया है, मेरे दुर्दिन आ गए। एक क्षण के लिए भी इसकी सुध नहीं भूलती। इसकी जगह खाली देखकर रोया करता हूँ। सरकार, यह मेरे घर का रक्षक था। मुझ पर दया कीजिए।''

साहब–''तो क्या चाहता है?''

पण्डित–''यही चाहता हूँ कि सरकार कल्लू को अब मुझे दे दें। परमात्मा आपका कल्याण करेगा। इसके बिना मैं कहीं का नहीं रहूँगा।''

साहब–''ओ पण्डित, तुम बड़ा मक्कारी करता है। हम यह कुत्ता तुमको नहीं दे सकता। इसके बदले में मेरा कोई विलायती कुत्ता ले जाओ।''

मैं इस समय बड़ी दुविधा में था। पण्डित जी का प्रेम देखकर इच्छा थी कि इन्हीं के साथ चलूँ, पर यहाँ के सुखों की याद करके जी कुछ हिचक जाता था।

साहब ने नहीं कर दी, तो पण्डित जी निराश होकर बोले–''जैसी सरकार की मर्जी। जब कल्लू ही नहीं है, तो विलायती कुत्ता लेकर मैं क्या करूँगा?'' यह कहकर पण्डित जी रो पड़े।

उस समय मैंने निश्चय किया कि यहाँ रहते हुए भी मैं पण्डित जी के घर की रक्षा करने के लिए रोज़ चला जाया करूँगा। यहाँ कुत्तों की क्या कमी?

साहब ने कहा–''हम जानता है कि तुम इस कुत्ता को बहुत प्यार करता है और हम तुमको देता, लेकिन हम बहुत जल्द अपने देश जानेवाला है। हाँ, तुम इसका जो दाम माँगो वह हम दे सकता है।''

पण्डित जी ने इसका जवाब कुछ न दिया। साहब को सलाम किया और लौट पड़े। एकाएक उन्हें कोई बात याद आ गई। लौटकर बोले–''सरकार, विलायत से कब लौटेंगे?''

साहब–''ठीक नहीं कह सकता; मगर जब हम आएगा, तो तुमको इत्तला देगा।''

अगर साहब ने मेरे विलायत जाने की बात न कही होती तो मैं पण्डित जी के साथ ज़रूर चला जाता। उनका दुःख मुझसे देखा न जाता था। पण्डित जी ने एक बार मुझे प्रेम-भरी आँखों से देखा और चल पड़े। अब मुझसे न रहा गया। मेम साहब के प्रेम, विलायत की सैर, अच्छा-अच्छा भोजन, सब मेरी आँखों में तुच्छ जान पड़े। मन ने कहा–तू कितना बेवफा है। जिसने तुझे बचपन से पाला, ब्राह्मण होकर भी जिसने तुझे गोद में खिलाया, जिसने कभी डाँटा तक नहीं, उसे तू भोग-विलास के पीछे छोड़ रहा है? फिर मुझे कुछ सुध न रही। मैं बरामदे से कूदकर पण्डित जी के पीछे चल पड़ा। मगर बीस कदम भी न गया होउँगा कि खानसामा ने आकर

मुझे पकड़ लिया और मेरे गले में ज़ंजीर डाल दी। उस समय मुझे इतना क्रोध आया कि मैं खानसामा को काटने लपका; लेकिन गले में ज़ंजीर पड़ी थी, क्या कर सकता था? पण्डित जी की ओर लाचारी की निगाह से देखने लगा। पण्डित जी भी बार-बार पीछे मुड़-मुड़कर देखते जाते थे। यहाँ तक कि आँखों से ओझल हो गए। उस दिन मैंने भोजन न किया। बार-बार पण्डित जी की याद आती रही।

9

यहाँ कुछ दिन और रहने के बाद साहब अपनी मेम के साथ अपने देश चले। मुझे भी साथ ले लिया। रास्ते में क्या-क्या देखा, कहाँ-कहाँ ठहरा, कैसे-कैसे आदमियों से भेंट हुई, यह सब बातें कहने लगूँ तो बड़ी देर होगी। लगभग एक महीने तक जहाज़ पर रहा। यह लकड़ी का एक बड़ा ऊँचा मकान था, जो पानी पर तैरता चला जाता था। पहले जब जहाज़ पर सवार हुआ, तो मुझे डर लगा। जहाँ तक निगाह जाती थी, ऊपर नीला आकाश दिखाई देता था, नीचे नीला पानी और उसमें यह लकड़ी का घर बिल्कुल ऐसा ही मालूम होता था, जैसे आकाश में कोई पतंगें उड़ाता जाता हो। कई दिनों के बाद हम एक ऐसे देश में पहुँचे, जहाँ के आदमी लम्बे-लम्बे कुरते पहने हुए थे और औरतें सिर से पाँव तक एक उजले गिलाफ में लिपटी हुई चली जाती थीं। केवल आँखों की जगह बनी हुई थी। मुझे तो अपने ही गाँव की औरतों के लम्बे घूँघट देखकर हँसी आती थी, इनका यह पहनावा देखकर तो मुझे घृणा-सी हो गई। समझ में नहीं आता, ये शरीर क्यों छुपाए रहती हैं? जहाज़ पर बैठे मुझे बार-बार जकिया की याद आने लगी। कहीं वह भी मेरे साथ होता, तो कितने आराम से कटती। न जाने उस बेचारे पर क्या बीत रही होगी। मगर अच्छा हुआ कि वह मेरे साथ न था, क्योंकि यहाँ उससे एक क्षण भी न बैठा जाता। जहाज़ पर हमारे गाँव की तरफ का एक आदमी भी न दिखाई देता था। सब-के-सब हमारे साहब ही की तरह थे। गाँव में बुद्धू पासी जब कभी शराब पीकर आता, तो कोई उसे पास न बैठने देता, वही बोतल से शराब उँड़ेलकर हर कोई पीता दिखाई देता था।

एक दिन की बात सुनिए—रात का समय था, मैं फर्श पर लेटा हुआ था कि एकाएक मुझे ऐसा मालूम हुआ, कमरे में कोई गा रहा है। वहाँ कोई आदमी न था। मैं चौंककर उठा बैठा और इधर-उधर देखने लगा, पर कोई न दिखाई दिया। अब मुझसे चुप न रहा गया। ज़ोर-ज़ोर से भौंकने लगा। मेम साहब और साहब दोनों मेरा भौंकना सुनकर जाग पड़े और मुझे चुप करने की कोशिश करने लगे। उन्हें देखकर मेरी शंका दूर हुई। लेकिन अब भी मेरी समझ में यह बात न आई कि कौन गा रहा था।

इसी तरह एक दिन दूसरी घटना हो गई। जब शाम होती थी, सब कमरों में आप-ही-आप रोशनी हो जाती थी। दीवार में एक गोल-सी डिबिया बनी हुई थी, उस डिबिया में एक पीतल की घुंडी थी। कभी साहब और कभी मेम साहब उस घुंडी को छू देते थे। बस, कमरा जगमगा उठता था। मुझे यह देखकर बड़ा अचम्भा होता था। मैं सोचता, क्या मैं भी घुंडी छू दूँ तो इसी तरह रोशनी हो जाएगी? अगर कहीं मैं रोशनी कर सकूँ तो सब लोग कितने खुश होंगे। मैं घुंडी तक पहुँचूँ कैसे? वह बहुत ऊँचाई पर थी। आखिर एक दिन मैंने उसको छूने की एक हिकमत निकाली। मैं दोनों पैरों से कुर्सी को घसीटकर दीवार के पास ले गया और कुर्सी की दोनों बाहों पर खड़ा होकर एक पाँव से उस घुंडी को छुआ। छूना था कि ऐसा मालूम हुआ, मेरे पाँव में आग की चिनगारी लग गई और सारी देह में दौड़ गई। मैं कुर्सी से नीचे गिर पड़ा और चिल्लाता हुआ भागा। थोड़ी देर के बाद जब ज़रा चित्त शान्त हुआ, तो मैं सोचने लगा कि इस घुंडी में ज़रूर कोई-न-कोई जादू है। साहब या मेम छुएँगे, तो उन्हें भी ऐसी चोट लगेगी। मैंने निश्चय किया, उन्हें किसी तरह न छूने दूँगा। जब अँधेरा हो गया और साहब घुंडी की तरफ चले तो मैं उनके सामने खड़ा हो गया। वह मुझे हटाकर घुंडी के पास बार-बार जाते थे और मैं बार-बार उनका रास्ता रोक लेता था।

आखिर साहब ने मुझे पकड़कर बाँध दिया और घुंडी दबा दी। कमरे में उजाला हो गया। उन्हें ज़रा भी चोट न लगी।

कई दिनों के बाद एक दिन बादल घिर आए और आँधी चलने लगी। ज़रा देर में सारा आकाश लाल हो गया और आँधी का ज़ोर इतना बढ़ा कि समुद्र की लहरें बाँसों उछलने लगीं। हमारा जहाज़ लहरों पर इस तरह तले-ऊपर हो रहा था, जैसे कोई शराबी आदमी लड़खड़ाता हुआ चलता है। जैसे शराबी कभी गिरने-गिरने को हो जाता है, उसी तरह जहाज़ कभी-कभी इस तरह करवट लेता था कि शंका होती थी कि अब उलट जाएगा। सभी आदमी घबराए हुए इधर-उधर दौड़ रहे थे। बिजली इतनी ज़ोर से तड़पती थी कि मालूम होता था कि हमारे सिर पर आ गई। बड़ा भयंकर दृश्य था। ऐसी आँधी मेरे जीवन में एक बार आई थी। सैकड़ों मकान गिरने से हज़ारों जानवर मर गए थे। जहाँ-तहाँ हज़ारों उखड़े हुए पेड़ मिलते थे, पर समुद्री आँधी उस आँधी से कहीं प्रचण्ड थी। अब तक तो जहाज़ में उजाला था, सहसा सब दीपक बुझ गए और चारों ओर अन्धकार छा गया, ठीक सावन-भादों की अँधेरी रात के समान।

चारों ओर घबराहट थी। कोई ईश्वर से प्रार्थना कर रहा था। स्त्रियाँ अपने बालकों

को छाती से लगाए दुबकी-सिमटी खड़ी थी।। मुझे उस अँधेरे में उनकी दशा साफ नज़र आती थी। अवश्य ही कोई भारी संकट आनेवाला था।

एकाएक जहाज किसी चीज से टकराया और भयंकर शब्द हुआ। वह नीचे बैठा जा रहा था। मेरे साहब और मेम दोनों एक-दूसरे से मिलकर रो रहे थे। अब मैं समझ गया कि जहाज़ डूबा जा रहा है। ये सब आदमी जरा देर में समुद्र के नीचे पहुँच जाएँगे। समुद्र जहाज की छाती पर चढ़ बैठेगा। शायद यह जहाज की गुस्ताखी का बदला ले रहा है। जहाज के कान होते, तो मैं कहता—तुम अपनी विजय पर कितना घमंड कर रहे थे। कैसा घमंड टूट गया। अपने साथ इतने आदमियों को ले डूबे। अपने साहब और मेम के लिए मेरा कलेजा फटा जा रहा था। कैसे उन्हें बचाऊँ? अगर दोनों जनों को अपनी पीठ पर बैठा सकता, तो बिठाकर समुद्र में कूद पड़ता। कहीं तो जा पहुँचता। क्या उस पहाड़ पर, जिसने जहाज का घमण्ड तोड़ा था, हमें आश्रय न मिलेगा? लेकिन क्या मैं उन दोनों को पकड़कर उठा न सकता था? मैं अपने स्वामी को ढाढ़स देना चाहता था। उनके पास जाकर कूँ-कूँ करता, पूँछ हिलाता, पर उस घबराहट में उन लोगों की समझ में मेरी बात न आती थी।

प्रतिक्षण जहाज नीचे चला जा रहा था। स्त्रियों और बच्चों की आर्त्तध्वनि सुन-सुनकर मेरे दिल के टुकड़े हुए जाते थे। पानी इतने जोर से गिर रहा था, मानो समुद्र आकाश पर चढ़कर वहाँ से जहाज़ पर गोले बरसा रहा हो। ईश्वर! यह क्या? जहाज समुद्र के अन्दर चला गया, और मैं पानी में बहा जा रहा था। मेरे साहब और मेम का कहीं पता नहीं। कोई कहीं बहा जाता था, कोई कहीं। मैं कितनी दूर बहा चला गया, कह नहीं सकता। साहब और मेम को याद करके मुझे रोना आ रहा था। सोचता, मुझे उस वक्त भी वह मिल जाते तो उन्हें बचाने की कोशिश करता।

आखिर भगवान ने मेरी विनती सुन ली। बिजली चमकी, तो मैंने देखा कि एक मर्द और एक औरत एक-दूसरे से लिपटे हुए, एक तरफ बहे जा रहे हैं। मैं जोर मारकर उनके समीप जा पहुँचा। देखा तो वह मेरे साहब और मेम थे। उस वक्त बदन में न मालूम कितना बल आ गया! मैं तो कभी बलवान् न था। मैंने साहब का हाथ मुँह में ले लिया और हवा के रुख पर चला। दिल में ठान लिया कि जब तक दम रहेगा, इन्हें न छोड़ूँगा। साहब ओर मेम दोनों बेहोश थे, मगर जान बाकी थी। उनकी देह गर्म थी। ईश्वर से मनाता था कि किसी तरह दिन निकले। न जाने कितनी बड़ी रात थी। उस घोर अन्धकार में क्या पता चलता! लहरों पर मैं यों थपेड़े

खाता, जैसे आँधी में कोई पत्ती। कभी तो बहुत नीचे, कभी ऊपर, कभी एक रेले में दस हाथ आगे, तो दूसरे रेले में पचासों गज पीछे। भला इस तूफान के मुकाबले मैं क्या करता! मेरी बिसात ही क्या! तिस पर इस छोटी-सी देह में जान का कहीं पता नहीं। मुझे खुद भय हो रहा था कि कहीं डूब न जाऊँ।

वह रात पहाड़ हो गई। ऐसा जान पड़ता था कि सूरज भी मारे डर के कहीं मुँह छिपाए पड़ा है। देह इतनी बेदम होती जाती थी कि जान पड़ता था, अब प्राण न बचेंगे। अगर साहब और मेम का खयाल न होता, तो मैं अपने को लहरों की दया पर छोड़ देता और लहरें एक मिनट में मुझे निगल जातीं। सबसे ज्यादा भय जल-जन्तुओं का था। प्राण जैसे आँखों में थे। क्षण-क्षण मालूम होता था, अब मरे!

कह नहीं सकता, यह दशा कितनी देर रही। कम-से-कम चार-पाँच घण्टे जरूर रही होगी। आखिर हवा का ज़ोर कम होने लगा। लहरों के थपेड़े भी कुछ कम हुए और कुछ-कुछ प्रकाश होने लगा। मेरी हिम्मत बँध गई। आकाश पर बादल भी कुछ छँटने लगे थे। कुछ दूरी पर भेड़ों का झुण्ड दिखाई दिया। ज़रूर कोई टापू है। मेरा दिल खुशी से उछलने लगा। मैं उन्हीं भेड़ों की ओर चला। अब मैंने देखा कि साहब और मेम एक रेशमी चादर से बँधे हुए हैं। इसी से अब तक लिपटे हुए थे। एकाएक मुझे एक छोटी-सी नाव दिखाई दी। उस पर दो-तीन भयानक, काली, जंगली सूरतवाले आदमी बैठे हुए थे। उनका रंग कोयले की तरह काला था। मुँह लाल रंग से रँगे हुए थे। उनके सिर पर पत्तियों के ऊँचे टोप थे। वे केवल चमड़े के जाँघिए पहने हुए थे। उनके पास एक-एक भाला था। मैं उन्हें देखकर डर गया और उस वक्त भी भौंक उठा। हम लोगों को देखते ही वे हमारी तरफ लपके और हम तीनों को डोंगी में बैठा लिया। मैं मारे डर के सूखा जाता था; पर करता क्या! अगर डोंगी में न बैठता तो घण्टे-आध घण्टे में डूबकर मर जाता; क्योंकि मेरे हाथ-पाँव में ताकत न थी। नाव के एक कोने में खड़ा होकर थर-थर काँपने लगा, फिर भी पूँछ हिलाता जाता था कि वे सब मुझे भालों से मार न डालें। ऐसे काले भयंकर आदमी मैंने कहीं न देखे थे। उन लोगों ने हमें डोंगी में बैठाकर पेड़ों के झुण्ड की तरफ नाव चलाई। ज़रूर वहाँ आदमी रहते होंगे।

कोई घण्टे-भर में डोंगी वहाँ पहुँच गई। समुद्र के किनारे एक ऊँचा पहाड़ था। उसके ऊपर के पेड़ नज़र आते थे। पहाड़ के नीचे एक जगह नाव रुकी। उन्होंने उसे एक पेड़ से बाँध दिया, और साहब तथा मेम को उतारकर ज़मीन पर ले गए। उन्हें देखते ही वैसी ही सूरतों की कई औरतें निकल आईं, और सभी ने खुश होकर चिल्लाना शुरू किया। फिर साहब और मेम को उठाया और गाँव में चले। कुछ ऊँचाई

पर चढ़कर कई झोपड़ियाँ बनी हुई थीं। यही उनका गाँव था। हम ज्योंहि वहाँ पहुँचे, सैकड़ों आदमियों ने मुझे घेर लिया, और मेम और साहब के कन्धे पकड़कर हिलाने लगे। कोई उनकी नाक दबाता था, कोई उनकी छाती पर सवार होकर घुटनों से कुचलता था, मैं डर के मारे दुबका खड़ा था। आवाज निकालने की हिम्मत न पड़ती थी। कहीं ये सब साहब-मेम को मार तो नहीं रहे हैं? मगर कोई आधे घण्टे के हिलाने-डुलाने के बाद दोनों आदमी होश में आए। उनकी आँखें खुल गईं। हाथ-पाँव हिलाने लगे; पर अभी उठ न सकते थे। अब मैं अपनी खुशी को न दबा सका। उनके पास आकर धीरे-धीरे भौंकने लगा। उन काले आदमियों ने अब नाचना-गाना शुरू किया। मालूम नहीं, वे क्यों इतने खुश थे। उनका नाच भी कितना भद्दा था। उनकी उछल-कूद देखकर मुझे बड़ी हँसी आती थी।

लेकिन मैं बहुत देर तक खुश न रह सका। ज्योंहि साहब और मेम बातें करने लगे, उन काले आदमियों ने उन्हें एक कोठरी में कैद कर दिया। कैद ही करना था तो समुद्र में क्यों न डूब जाने दिया? इन दिनों में हम तीनों ने अन्न के दाने की सूरत तक न देखी थी। भूख के मारे पेट कुलबुला रहा था। बेचारे मेम और साहब का भी यही हाल होगा। यह सब उनको खाने-पीने को देंगे या उस काल-कोठरी में बन्द करके मार डालेंगे? मेरे लिए तो वहाँ भोजन की कमी न थीं इधर-उधर मांस की बोटियाँ पड़ी हुईं थीं। हड्डियों का तो ढेर लगा हुआ था। जंगली आदमी मांस ही खाते थे। मैंने वहाँ कहीं खेत नहीं देखे। एक पेड़ के नीचे मांस का एक टुकड़ा देखकर जी ललचाया कि खा लूँ, पर फिर यह खयाल आया कि साहब और मेम कभी के भूखे पड़े होंगे और मैं अपना पेट भरूँ, यह नीचता की बात है।

धीरे-धीरे दिन बीतने लगा। यहाँ बहुत गर्मी न थी। साहब लोग जहाँ कैद थे, उसी झोंपड़ी के सामने मैं एक पेड़ के नीचे बैठा देखता रहा कि ये लोग उनसे कैसा बर्ताव करते हैं। कुछ खाने को देते हैं या नहीं। दोपहर हुई; शाम हो गई। मगर झोंपड़ी एक बार भी न खुली। दो आदमी बराबर झोंपड़ी के दरवाज़े पर बैठे जैसे पहरा दे रहे हों। धीरे-धीरे रात गुज़रने लगी; मगर कैदखाना न खुला। अब मैंने मन में ठान लिया कि चाहे जैसे हो, एक बार इस झोंपड़ी में ज़रूर जाऊँगा। सभी झोंपड़ियों में मांस रखा था। मैं चुपके से एक झोंपड़ी में घुस गया और मांस का एक बड़ा-सा टुकड़ा उठा लाया। ये लोग मांस चूल्हे पर पतीली में नहीं पकाते थे; आग पर भून लेते थे। मैंने एक बड़ी-सी भुनी हुई टाँग ली और बाहर लाकर पत्तियों में छिपा दी और सोचने लगा—साहब की झोंपड़ी में कैसे जाऊँ? वे दोनों यमदूत अभी तक वहीं बैठे हैं। जब तक ये हट न जाएँ या सो न जाएँ, मेरा जाना मुश्किल था। फिर द्वार

कैसे खोलूँगा? मुँह पर एक बड़ा-सा पत्थर भी तो खड़ा कर रखा था। मैं उस पत्थर को कैसे हटा सकूँगा?

इस चिन्ता में बड़ी देर तक बैठा रहा। सारी देह चूर-चूर हो रही थी। बार-बार आँखें झपकी जाती थीं, पर एक क्षण ही में चौंक पड़ता था। इस तरह कोई आधी रात बीत गई। गीदड़ों ने दूसरे पहर की हाँक लगाई। मैं धीरे से और दबे पाँव झोंपड़ी के द्वार पर गया। दोनों यमदूत वहीं ज़मीन पर पड़े थे। उनकी नाक ज़ोर-ज़ोर से बज रही थी। कोई दूर से सुनता, तो जान पड़ता, दो बिल्लियाँ लड़ रही हैं। मैं जान पर खेलकर उस पत्थर को खिसकाने लगा। पूरी चट्टान थी। कितना ही ज़ोर पंजों से लगाता, पर वह जगह से हिलती तक न थी। इधर डर भी लगा हुआ था कि ज़रा भी खटका हुआ तो ये दोनों जाग पड़ेंगे और शायद मुझे जीता न छोड़ें। मैं सोचने लगा– आखिर इतनी बड़ी और भारी चट्टान ये दोनों कैसे हटा लेते हैं? अब तक मैं उसे उठाने की कोशिश कर रहा था। अब मुझे यह सूझी कि चट्टान को लम्बान में ढकेल दूँ। शायद खिसक जाए। ज्योंहि मैंने भरपूर ज़ोर लगाया, चट्टान ज़रा-सी आगे को खिसक गई। बस, उसकी कल मुझे मिल गई। कई बार के ढकेलने से चट्टान द्वार से हट गई। बाईं ओर कोई ऐसी चीज़ लगी थी, जिससे वह दाहिने-बाएँ की ओर न हिल सकती थी; सीधे-सीधे खिसक जाती थी। पत्थर हटते ही मैंने धीरे से द्वार खोला। जाकर गोश्त का टुकड़ा लाया। झोंपड़ी के अन्दर पहुँचा। देखा, साहब और मेम ज़मीन पर बेदम पड़े थे। मैंने उनके पैरों को मुँह से चाटकर जगाया। दोनों घबराकर उठ बैठे और मारे डर के कोने की तरफ भागे, मगर मैंने कूँ-कूँ किया तो समझ गए, कल्लू है। दोनों मेरे गले से लिपट गए और मेरा सिर थपथपाकर प्यार करने लगे। मैंने मांस का टुकड़ा साहब के हाथ में रख दिया। उसकी गन्ध पाते ही वे खाने लगे। उस वक्त मुझे जितना आनन्द हो रहा था, कह नहीं सकता। दोनों खाते जाते थे और बार-बार मुझे प्यार करते जाते थे। जब वे खा चुके, तो बचा हुआ टुकड़ा मुझे दे दिया। मैंने उसे वहीं खाया। अब पानी कहाँ से आवे? खाने के बाद पानी पीने की आदत मेरी तो न थी, मगर आदमी तो खाते समय थोड़ा-बहुत पानी ज़रूर ही पीते हैं। उस वक्त मुझे यह बात याद आई।

मैं बाहर निकला और पानी की तलाश करने लगा। वहाँ उस झोंपड़ी के सिवा और किसी झोंपड़ी में किवाड़ न थे। झोंपड़ियाँ खुली थीं, लोग उनके द्वार पर सो रहे थे। मैं एक झोंपड़ी में घुस गया और पानी के लिए कोई बर्तन खोजने लगा। मिट्टी या दूध के बरतन वहाँ न थे। जानवरों की बड़ी खोपड़ियों में पानी रखा था। छोटी-छोटी खोपड़ियों में पानी निकालकर लोग पीते थे। मैंने भी एक छोटी खोपड़ी

पानी से भरी और उसे दाँतों में दबाए साहब के पास पहुँचा। दोनों पानी देखते ही उस पर टूट पड़े और एक ही साँस में पी गए। मैं खोपड़ी लेकर फिर गया और पानी भर लाया। इस तरह पाँच-छः बार के आने-जाने में मालिकों की प्यास बुझी। दोनों को खिला-पिलाकर मैं धीरे से निकल आया और द्वार बन्द कर फिर चट्टान को ज्यों-का-त्यों खिसका दिया। मैं चाहता तो मालिकों को भी उसी तरह निकाल लाता, पर जाता कहाँ? बेगाने देश में रात को कहाँ भटकते फिरते? ये काले आदमी फिर पकड़ लेते, तो जान लेकर ही छोड़ते, इसलिए जब तक उस देश को अच्छी तरह देख-भालकर निकल भागने का मार्ग न निकाल लूँ, मैंने उनका यहीं पड़े रहना अच्छा समझा।

यही मेरी रोज़ का दस्तूर हो गया। मैं दिन-भर इधर-उधर देखभाल करता। रात को साहब को खिलाता-पिलाता और सो जाता। कोई मुझे पकड़ न सकता था, न कोई भाँप ही सकता था। मैंने इस वक्त तक कभी चोरी नहीं की थी, लेकिन इस चोरी को मैं पाप नहीं समझता। अगर मैं ऐसा न करता, तो साहब-मेम ज़रूर भूखों मर जाते।

ये काले आदमी इस तरह साहबों को क्यों कैद किए हुए थे—यह मेरी समझ में न आता था। शायद वे समझते थे कि ये लोग हमें पकड़ने आए हैं या समझते हों कि कोई-न-कोई इनकी तलाश करने तो आएगा ही। उससे अच्छी-अच्छी चीजें ऐंठेंगे; मगर ढंग से ऐसा जान पड़ता था कि वे साहब और मेम को देवता समझते हैं। वह झोंपड़ी देवताओं का मन्दिर थी, क्योंकि प्रातःकाल सब-के-सब झोंपड़ी के सामने एक बार नाचने जाते थे। शायद यही उनकी पूजा थी। शायद उनका खयाल था कि देवताओं को खाने-पीने की ज़रूरत ही नहीं होती।

10

उस देश में हम लोग लगभग एक महीना रहे। जंगली लोगों ने साहबों को कभी बाहर न निकाला। बातचीत भला क्या करते! शायद वे सब समझते थे कि इन देवताओं को बाहर निकाला गया, तो न मालूम उस देश को किस आफत में डाल दें। देवताओं को वे कोई भयानक जीव समझते थे, जिससे नुकसान के सिवा कोई फायदा नहीं पहुँच सकता।

इस एक महीने में मैंने उस देश की अच्छी तरह छानबीन कर ली। उसके एक तरफ तो समुद्र था। पश्चिम तरफ एक बहुत ऊँचा पहाड़ था, जिस पर बर्फ जमी हुई थी। दक्षिण की तरफ पथरीला मैदान था, जहाँ मीलों तक घास के सिवा और

कोई चीज़ न थी। यहाँ से भागें भी, तो जाएँ कहाँ? मुझे यह फिक्र बराबर सताया करती थी। समुद्र के किनारे जंगली लोग बराबर आते-जाते रहते थे। इसलिए उधर जाने में फिर पकड़ लिये जाने का भय था। ऊँचे पहाड़ पर चढ़ना बहुत कठिन था और फिर कौन जानता है उस पार क्या हो! उस पर पहुँचना भी असम्भव जान पड़ता था। उसी मैदान की तरफ भागने का रास्ता था। सौ-पचास कोस भागने पर शायद कोई दूसरा देश मिल जाए, जहाँ के आदमी ऐसे जंगली न हों। यही मैंने निश्चय किया।

एक दिन बड़ी ठंड पड़ रही थी। चारों ओर कुहरा छाया हुआ। आज साहब की झोंपड़ी के सामने दोनों पहरे वाले ठंड के मारे अपनी झोंपड़ियों में सोए हुए थे। मैदान साफ था। मैंने सोचा, इस अवसर को हाथ से न जाने देना चाहिए। ऐसा अवसर फिर शायद ही मिले। जब सब लोग सो गए, तो मैंने पत्थर खिसकाया और झोंपड़ी का द्वार खोलकर साहब-मेम को बाहर निकलने का इशारा किया। साहब मेरे इशारे खूब समझने लगे थे। दोनों प्राणी तुरन्त निकल खड़े हुए। मैं आगे-आगे चला। दो दिन का खाना मैंने पहले ही से लाकर साहब को दे दिया था। इसकी चिंता न थी। बस, फिक्र यही थी कि हम लोगों को यहाँ न पाकर वे जंगली आदमी हमारा पीछा न करें। इसलिए रात-भर में हमसे जितना चला जा सके, उतना चलना चाहिए। खूब अँधेरा छाया हुआ था। मैं तो बेखटके चला जाता था, पर साहबों को बड़ा कष्ट हो रहा था। मेम साहब तो थोड़ी-थोड़ी दूर पर बैठ जाती थीं, साहब के बहुत कहने-सुनने पर ही उठती थीं।

एक बार मेम साहब झुँझलाकर बोलीं–''आखिर इस तरह हम लोग कब तक चलेंगे?''

साहब–''जब तक चला जाए।''

मेम–''यहीं ठहर क्यों नहीं जाते, सवेरे चलेंगे।''

साहब–''और जो सवेरे पकड़ लिये गए तो?''

मेम ने इसका कुछ जवाब न दिया। फिर चलीं, मगर भुनभुना रही थीं कि इससे तो हमारी कैद ही अच्छी थी कि आराम से पड़े तो थे। यहाँ लाकर न जाने किस जंगल में डाल दिया कि प्यासे मर जाएँ। कहीं बस्ती का नाम नहीं।

इस तरह हम लोग आधे घंटे तक चले होंगे कि पीछे से बहुत-से आदमियों का शोर सुनाई दिया। मालूम होता था, सैकड़ों आदमी दौड़े चले आते हैं। मैं समझ गया कि हमारे भागने का भेद खुल गया है और वही लोग हमें पकड़ने चले आ रहे हैं। साहब ने मेम से कहा–''लगता है वही शैतान है, अब हम लोग पकड़ लिये जाएँगे।''

मेम—"हाँ-हाँ, मालूम तो होता है।"

साहब—"बेचारा कल्लू यहाँ तक तो ले आया, अब हमारे नसीब ही फूटे हों तो वह क्या कर सकता है?"

मेम—"हम लोग भी दौड़ें। शायद कहीं कोई ठिकाना मिल जाए।"

दोनों आदमी दौड़े। वही मेम साहब जिन्हें एक-एक पग चलना दूभर हो रहा था, दौड़ने लगीं। हिम्मत में इतना बल है! सबसे बड़ी बात यह थी कि पूरब की ओर अब कुछ प्रकाश दिखाई देने लगा था। ज़रा देर में दिन निकल आएगा, तब हमें यह तो मालूम हो जाएगा कि हम जा किधर जा रहे है। मगर साथ-ही-साथ हम दौड़ते जाते थे।

इस तरह आधा घंटा और गुज़रा। अब पौ फटने लगी थी। रास्ता साफ नज़र आने लगा, मगर पीछा करने वाले भी बहुत समीप पहुँच गए। उनकी आवाज साफ सुनाई देती थी। भूमि बराबर होती, तो शायद वे दिखाई भी देने लगते। मैं यह सोचता हुआ दौड़ रहा था कि अगर उन सबों ने आ पकड़ा तो हम कैसे अपनी रक्षा करेंगे?

सहसा हमें एक गहरी ग़ार-सी नज़र आई। मैंने सोचा, अगर इस ग़ार में छिप जाएँ और उसके मुँह को घास-फूस से छिपा दें, तो शायद उन काले आदमियों से जान बच जाए। अगर पकड़ लिये गए, तो फिर उसी काल-कोठरी में सड़ेंगे; बच गए, तो दिन-भर में न जाने हम कितनी दूर निकल जाएँगे।

यह सोचकर मैं उस ग़ार के अन्दर घुसा। मेम और साहब दोनों मेरा मतलब समझ गए। मेरे पीछे-पीछे वे दोनों भी ग़ार में घुसे, पर दोनों डर रहे थे कि कहीं शेर या चीता अन्दर न बैठा हो। मैं आगे था। थोड़ी ही दूर गया होऊँगा कि दो दीपक-से उस अन्धकार में जलते दिखाई दिए। मैं जोर से चिल्लाकर पीछे हटा। सामने सचमुच एक शेर बैठा हुआ था। अब क्या करूँ? मेरे तो जैसे होश-हवास गुम हो गए—मैं न आगे जा सकता था, न पीछे, बस, वहीं पत्थर की मूर्ति की भाँति खड़ा था। साहब और मेम दोनों बेहोश होकर गिर पड़े। मैं तो भला खड़ा रहा, पर उन दोनों जनों की तो जान ही निकल-सी गई। अब मेरे होश ठिकाने हुए। अपना डर जाता रहा। जाकर उन दोनों को सूँघा। मरे न थे। जान बाकी थी। सोचने लगा—अब क्या करूँ? एक आफत से तो मर-मर के बचे थे, यह नई मुसीबत पड़ गई। मगर यह बात क्या है कि शेर अपनी जगह से हिला तक नहीं, कूदकर झपटना तो दूर रहा। चुपचाप मेरी ओर ताक रहा था। मुझे उसकी आँखों में कुछ ऐसी बात नज़र आई कि मेरा खौफ जाता रहा। मैं डरते-डरते एक कदम और आगे बढ़ा, फिर भी शेर अपनी जगह से न हिला। अब मेरे कानों में धीरे-धीरे कराहने की आवाज़

आई। समझ गया बीमार है। ज़रा और पास गया, तो शेर ने दर्द-भरी आवाज़ मुँह से निकाली और अपना अगला दाहिना पैर उठाया। वह बुरी तरह फूला हुआ था। अब समझ में आ गया। इसी वजह से यह महाशय दम साधे बैठे हुए थे। बार-बार पूँछ हिलाते थे, जम्हाइयाँ लेते थे और हम लोगों को कूँ-कूँ करते थे। ज़रूर इसके पाँव में काँटा चुभा हुआ है। मगर मैं कैसे निकालता? यहाँ भी तो दाँत बिल्कुल शेरों ही जैसे हैं। पहले तो जी में आया कि यह कुछ कर तो सकते नहीं, इन्हें यहीं पड़ा रहने दूँ। कहीं ऐसा न हो कि काँटा निकलते ही इनका मिज़ाज बदल जाए और एक ही जस्त में हम तीनों को चट कर जाएँ। मगर फिर दया आई। ऐसा तो हम लोग कभी नहीं करते कि किसी का एहसान भूल जाएँ। यह भी तो हमारी बिरादरी का जीव है!

यह सोचकर मैं साहब के होश में आने की राह देखने लगा। आखिर थोड़ी देर में उनकी आँखें खुलीं। मुझे शेर के पास बैठे देखकर कुछ हिम्मत हुई। वहाँ से भागे नहीं। शेर ने उन्हें देखकर भी पूँछ हिलाना शुरू किया और बार-बार अपना सूजा पंजा उठाने लगा। साहब भी समझ गए कि शेर लँगड़ा है। साहब ने मेम को कई बार झिंझोड़ा। जब मेम को भी होश आ गया तो दोनों आपस में कुछ देर तक बातें करते रहे। तब साहब ने शेर के पास जाकर उसका पंजा उठाया और धीरे-धीरे काँटा निकाल दिया। शेर का दर्द जाता रहा। उसने साहब के पैरों पर सिर रख दिया और पूँछ हिलाने लगा।

एकाएक बाहर आदमियों के चिल्लाने की आवाज सुनाई दी। मैं समझ गया कि जंगली लोग हमारा पीछा करते हुए आ पहुँचे हैं। मैं जाकर द्वार पर खड़ा हो गया—यहाँ तो किसी को आने न दूँगा चाहे मर ही क्यों न जाऊँ! मैं द्वार पर आया ही था कि दस-बारह आदमी लम्बे-लम्बे भाले लिये, मुँह पर लाल रंग लगाए सामने आ खड़े हुए और मुझे देखते ही तालियाँ बजाकर खुश होने लगे। खुश हो रहे थे कि अब मार लिया, बचकर कहाँ जा सकते हैं। दो-तीन आदमी ग़ार में पैठने की कोशिश करने लगे। उस भाले और ढाल के सामने मेरी क्या चलती! बस खड़ा भौंक रहा था।

अरे! क्या आसमान फट पड़ा! या दो पहाड़ लड़ गए? ऐसे ज़ोर की गरज हुई कि सारी गुफा हिल गई। शेर की गरज थी। आदमियों को द्वार पर देखते ही उसने एक जस्त मारी और द्वार पर आ पहुँचा। कुछ न पूछो, उन दुष्टों में कैसी भगदड़ मच गई। भाले और ढालें छोड़-छोड़कर एक-दूसरे पर गिरते-पड़ते भागे, मगर एक को शेर ने दबोच लिया और हमारे सामने ही उसे चट कर गया। मेरे तो रोएँ खड़े

हो गए और मेम साहब ने आँखें बन्द कर लीं। मैं सोचने लगा—किसी तरह यहाँ से भाग जाना चाहिए। इस भयानक जानवर का क्या ठिकाना? न जाने कब इसका मिज़ाज बदल जाए और हमारी तुक्का-बोटी कर डाले।

कोई घण्टे-भर तो मैं वहाँ जब्त किए बैठा रहा। जब मैंने बाहर आकर देख लिया कि उन आदमियों में से एक का भी पता नहीं, तब मैंने साहब से चलने का इशारा किया। ये दोनों डरते-डरते निकले ओर फिर उसी तरह चल पड़े। शेर सिर झुकाए हमारे आगे इस तरह चला जा रहा था, जैसे गाय हो। फिर भी मेरा तो यही जी चाहता था कि वह महाशय अब हमारे ऊपर दया करते और हमें अपनी राह जाने देते।

शाम होते-होते हम लोग एक जंगल में पहुँच गए। इतना घना जंगल था कि कुछ सुझाई नहीं देता था। शेर के पीछे-पीछे चले जाते थे। एकाएक वह कोई आहट पाकर ठिठक गया। फिर कान खड़े कर लिये और आहिस्ता-आहिस्ता गुर्राने लगा। सहसा सामने एक शेर आ गया। मेरी तो जान निकल गई और साहब और मेम दोनों एक पेड़ की आड़ में दुबक गए, मगर उस शैतान ने हमें देख लिया था। वह ज़ोर से गरजकर साहब की तरफ चला कि हमारे शेर ने लपककर उस पर हमला किया। दोनों गुँथ गए। हमारे प्राण सूखे जाते थे। कहीं उसने हमारे मित्र शेर को मार लिया, तो फिर हम लोगों की खैरियत नहीं। मैं चाहता तो भाग जाता, पर साहब और मेम को छोड़कर कैसे भागता? पेड़ इतने सीधे और घने थे कि उन पर चढ़ना मुश्किल था। मन में मना रहे थे कि हमारे शेर की जीत हो। कभी वह दबा लेता, कभी यह; कभी पंजों से लड़ते, कभी दाँतों से। दोनों पंजों से लड़ते-लड़ते खड़े हो जाते। मुँह और बदन से खून बह रहा था, दोनों की आँखों से ज्वाला निकल रही थी। दोनों गरज रहे थे और हम साँस रोके हुए यह लड़ाई देख रहे थे। घंटे भर की लड़ाई के बाद आखिर हमारे मित्र की जीत हुई। उसने उसे चित्त गिरा दिया और पंजे से उसका पेट फाड़ डाला। हम तीनों खुशी से नाचने लगे; मगर हमारे मित्र शेर का भी कचूमर निकल गया था। सारी देह ज़ख्मों से चूर हो रही थी। वहीं लेट गए। हमने भी वहाँ रात काटी। खाने को कुछ न मिला। साहब और मेम ने रास्ते में कोई फल खाया था, पर मुझे फलों से क्या मतलब? मुझे तो शिकार चाहिए और अँधेरे में कोई शिकार करना कठिन था। मैं उपासा ही रह गया।

दूसरे दिन हम लोग समुद्र के किनारे पहुँचे, मगर अफसोस! मैं समुद्र के किनारे शिकार की टोह में था कि हमारे मित्र शेर ने, जो थककर एक चट्टान की आड़ में बैठा था, धीरे-धीरे कराहना शुरू किया। मैंने जाकर देखा, तो उसकी आँखें पथरा

गई थीं। थोड़ी देर में वह वहीं मर गया। कल की लड़ाई में वह बहुत घायल हो गया था। मैं बड़ी देर तक उसकी लाश पर बैठा रोता रहा। मेम और साहब भी बहुत दुःखी हुए, मगर समुद्र के किनारे पहुँचने की खुशी में वह गम जल्द भूल गया।

मैं अभी शिकार की तलाश में ही था कि सहसा किसी चीज़ के घरघराने की आवाज कानों में आई। ऐसी आवाज़ मैंने कभी नहीं सुनी थी। रेल की आवाज़ सुन चुका था—भक्-भक्-भक्-भक्; मोटरकार की आवाज सुन चुका था। यह आवाज उन सभी से अलग थी, जैसे आसमान पर कोई पन-चक्की चल रही हो। साहब और मेम आवाज़ सुनते ही आसमान की ओर देखने लगे। मैंने भी ऊपर देखा। कोई बड़ी चील-सी दिखाई दी! साहब ने अपनी टोपी उतारकर हवा में उछाली, मेम साहब भी अपना रूमाल हिलाने लगीं। दोनों तालियाँ बजाते थे, नाचते थे। मेरी समझ में कुछ न आता था—ये लोग क्यों इतने खुश हो रहे हैं? मगर यह क्या बात है? वह आसमान में उड़ने वाली चिड़िया तो नीचे उतरने लगी। ओह! कितनी बड़ी चिड़िया थी! मैंने कभी इतनी भीमकाय चिड़िया न देखी थी। अजायबखाने में शुतुरमुर्ग देखा था, मगर वह भी इसके सामने ऐसा था, जैसे छोटा-सा कबूतर। देखते-देखते वह नीचे आया और उसमें से दो आदमी उतर पड़े। पीछे मुझे मालूम हुआ कि यह भी एक तरह की सवारी है, जो आदमी को लेकर हवा में उड़ती है। उन दोनों ने हमारे साहब और मेम के साथ हाथ मिलाया, कुछ बातें कीं और फिर उसी सवारी में जा बैठे। एक क्षण में साहब ने मुझे गोद में उठा लिया और मेरा मुँह चूमकर उसी सवारी में बैठा दिया। फिर मेम और वह दोनों भी आकर बैठ गए। मेरी तो मारे डर के जान सूखी जाती थी। क्या हम हवा में उड़ेंगे? कहीं यह कल बिगड़ जाए, तो हमारी हड्डी-पसली का भी पता न लगे। मगर साहब बार-बार मेरा सिर थपथपाकर मेरी हिम्मत बाँधते जाते थे। फिर चारों आदमी मेज़ पर बैठकर खाना खाने लगे। मुझे भी मांस का एक टुकड़ा दिया। मैं खाना खाने में मस्त हुआ कि सारा भय दिल से जाता रहा। शोर इतना हो रहा था कि मेरा कलेजा काँपने लगता था। कई बार तो करवट हो गई, और फिर मुझे लगा कि यह उलटना चाहती है। मैं चिल्लाने लगा। लेकिन ज़रा देर में वह सँभल गई। हम एक रात और एक दिन उसी सवारी में रहे। कभी तो वह इतनी ऊँची उठती मालूम होती कि सीधे तारों से टक्कर लेगी। साहब और मेम दोनों सो रहे थे, लेकिन मुझ नींद कहाँ! मैं तो बराबर 'भगवान-भगवान' कर रहा था कि किसी तरह वह संकट टले।

दूसरे दिन प्रातः काल बड़े ज़ोर का तूफान आया। यह यन्त्र भँवर में पड़ी हुई किश्ती के समान चक्कर खाने लगा। बिजली इतने ज़ोर से कड़कती थी कि जान

पड़ता था—सिर पर गिरी। चमक इतनी तेज़ थी कि आँखें झपक जाती थीं। यन्त्र कभी दाएँ करवट हो जाता, कभी बाएँ। कभी-कभी तो उसके पंख रुक जाते, और जान पड़ता वह नीचे की ओर गिरा ही जा रहा है। चारों आदमी घबराए हुए थे और ईश्वर-ईश्वर कर रहे थे। मेम साहब तो आँखों पर रुमाल रखे रो रही थीं। घबराया मैं भी कुछ कम न था, मगर मेम साहब के रोने पर मुझे हँसी आ गई। पूछो, उनके रोने से क्या तूफान चला जाएगा? वह समय रोने का नहीं, दिल को मजबूत करके खतरे का सामना करने का था, लेकिन समझाता कौन?

आखिर एक घण्टे में अन्धड़ शान्त हो गया और यन्त्र सीधा चलने लगा। दोपहर होते-होते वह एक बहुत बड़े मैदान में उतरा, जहाँ झण्डियाँ गड़ी हुई थीं और उसी तरह के कई और यन्त्र रखे हुए थे। साहब ने मुझे गोद में लेकर उतारा और एक मोटरकार पर बैठकर चले। अब मैंने देखा, तो हम साहब के बँगले की ओर जा रहे थे। मेरे कितने ही दोस्त पुरानी सड़कों पर घूमते नज़र आए। मेरा जी चाहता था, इनके पास जाकर गले मिलूँ, उनका कुशल-क्षेम पूछूँ और अपनी यात्रा का वृत्तान्त सुनाऊँ; लेकिन मोटर भागी जा रही थी। एक क्षण में हम बँगले पर पहुँचे।

मैं अभी नींद भी न लेने पाया था कि मेहत्तर ने आकर मुझे नहलाना शुरू कर दिया। फिर उसने मेरे गले में एक रेशमी पट्टा डाला और मुझे लाकर साहब के मुलाकाती कमरे में एक सोफा पर बैठा दिया। मेमसाहब प्लेट में मेरा भोजन लाई और अपने हाथों से खिलाने लगीं। उस वक्त मुझे ऐसा अभिमान हुआ कि क्या कहूँ! जी चाहता था, मेरी बिरादरी वाले आकर देखें और मुझ पर गर्व करें। मुझमें कोई सुर्खाब के पर नहीं लग गए हैं। मैं आज भी कल्लू हूँ—वही कमजोर, मरियल कल्लू। मगर मैंने अपने कर्त्तव्य-पालन में कभी चूक नहीं की, सच्चाई को कभी हाथ से नहीं जाने दिया, मैत्री को हमेशा निबाहा और एहसान कभी नहीं भूला। अवसर पड़ने पर खतरों का निडर होकर जान हथेली पर रखकर, सामना किया। जो कुछ सत्य समझा उसकी रक्षा में प्राण तक देने को तैयार रहा और उसकी ही बरकत है कि मैं आज इतना स्नेह और आदर पा रहा हूँ।

दूसरे दिन मैंने देखा कि कमरे के द्वार पर परदा डाल दिया गया है और वहाँ पर एक चपरासी बैठा दिया गया है। शहर के बड़े-बड़े आदमी मुझे देखने आ रहें हैं, और मुझ पर फूलों की वर्षा कर रहे हैं। अच्छे-अच्छे जेण्टलमैन कोट-पतलून पहने, अच्छी-अच्छी महिलाएँ गाउन और हैट से सुशोभित, बड़े-बड़े सेठ-साहूकार, बड़े-बड़े घरों की देवियाँ, स्कूलों और कॉलेजों के लड़के, फौजों के सिपाही, सभी आ-आकर मुझे देखते हैं और मेरी प्रशंसा करते हैं—कोई फूल चढ़ाता है, कोई डंडौत करता

है, कोई हाथ जोड़ता है। शायद सब समझ रहे थे कि यह कोई देवता है और इस रूप में संसार का कल्याण करने आया है। जेण्टलमैन लोग देवता का अर्थ तो न समझते थे, पर कोई गैर-मामूली, चमत्कारी जीव अवश्य समझ रहे थे। कई देवियों ने तो मेरे पाँव भी छुए। मुझे उनकी मुर्खता पर हँसी आ रही थी। आदमियों में भी ऐसे-ऐसे अक्ल के अन्धे मौजूद हैं।

दिन भर तो यही लीला होती रही। शाम को मैं अपने जन्म-स्थान की ओर भागा। मगर ज्योंही नजदीक पहुँचा कि मेरे भाइयों का एक गोल मुझ पर झपटा। अभागे मुझे यह समझ रहे थे कि मैं उनकी हड्डियाँ छीनने आया हूँ। यह नहीं जानते कि मैं वह कल्लू नहीं हूँ, मेरी पूजा होती है। मैंने दुम दबा ली और दाँत निकालकर और नाक सिकोड़कर प्राणदान माँगा। पर उन बेरहमों को मुझ पर जरा भी दया न आई। ऐसा जान पड़ता था, इनसे कभी जान-पहचान ही नहीं है। मैं तो उनसे अपना दुःख-सुख कहने और कुछ उपदेश देने आया था। उसका मुझे यह पुरस्कार मिल रहा था।

ठीक उसी वक्त मेरे पुराने स्वामी पंडित जी लठिया टेकते चले आ रहे थे। उन्हें देखते ही जैसे मेरे बदन में नई शक्ति आ गई। दौड़कर पंडित जी के पास पहुँचा और दुम हिलाने लगा। पंडित जी मुझे देखते ही पहचान गए और तुरन्त मेरे सिर पर हाथ रखकर मुझे दुआ दी और प्रसन्न मुख होकर बोले—"तो अब बहुत बड़े ऋषि हो गए कल्लू! तुम्हारी तो अखबारों में तारीफ हो रही है। तुम इन गधों के बीच में कैसे आ फँसे?"

और उन्होंने डंडा तानकर उन दुष्टों को धमकाया जो अभी तक मुझ पर झपटने को तैयार थे; मगर डंडा देखते ही सब-के-सब चूहों की तरह भागे। मैं पंडित जी के पीछे-पीछे हो लिया और बचपन के क्रीड़ा-क्षेत्र की सैर करता हुआ पंडित जी के घर गया। बार-बार जकिया और माता जी की याद आ रही थी। यह आदर-सम्मान उनके बिना हेय था।

पंडित जी के घर में मेरा पहुँचना था कि पंडिताइन ने दौड़कर मुझे हाथ जोड़े। जरा देर में मुहल्ले में मेरे आने की खबर फैल गई। फिर क्या था! लोग दर्शन को आने लगे और कइयों ने मुझ पर पैसे और रुपये और मिठाइयाँ चढ़ाई। जब मैंने देखा कि भीड़ बढ़ती जा रही है, तो वहाँ से चल खड़ा हुआ और सीधा अपने बँगले पर चला गया।

और तब से कई नुमाइशों में जा चुका हूँ, कई राजाओं का मेहमान रह चुका हूँ। सुना है, मेरी कीमत एक लाख तक लग गई है, मगर साहब मुझे किसी दाम

पर अलग नहीं करना चाहते। मेरी खातिर दिन-दिन ज्यादा होती जा रही है। मुझे रोज़ शाम-सवेरे दो आदमी सैर कराने ले जाते हैं; नित्य मुझे स्नान कराया जाता है और बड़ा स्वादिष्ट और बलवर्द्धक भोजन दिया जाता है। मैं अकेला कहीं नहीं जा सकता।

मगर अब यह मान-सम्मान मुझे बहुत अखरने लगा है। यह बड़प्पन मेरे लिए कैद से कम नहीं है। उस आज़ादी के लिए जी तड़पता रहता है, जब मैं चारों तरफ मस्त घूमा करता था। न जाने आदमी साधु बनकर मुफ्त का माल कैसे उड़ाता है। मुझे तो सेवा करने में जो आनन्द मिलता है, वह सेवा पाने में नहीं मिलता, शतांश भी नहीं।

शेर और लड़का

बच्चो, शेर तो शायद तुमने न देखा हो, लेकिन उसका नाम तो सुना ही होगा। शायद उसकी तस्वीर देखी हो और उसका हाल भी पढ़ा हो। शेर अक्सर जंगलों और कछारों में रहता है। कभी-कभी वह उन जंगलों के आस-पास के गाँवों में आ जाता है और आदमी और जानवरों को उठा ले जाता है। कभी-कभी उन जानवरों को मारकर खा जाता है जो जंगलों में चरने जाया करते हैं। थोड़े दिनों की बात है कि एक गड़ेरिया का लड़का गाय-बैलों को लेकर जंगल में गया और उन्हें जंगल में छोड़कर आप एक झरने के किनारे मछलियों का शिकार करने लगा। जब शाम होने को आई तो उसने अपने जानवरों को इकट्ठा किया, मगर एक गाय का पता न था। उसने इधर-उधर दौड़-धूप की, मगर गाय का पता न चला। बेचारा बहुत घबराया—मालिक मुझे जीता न छोड़ेंगे! इस वक्त ढूँढने का मौका न था, क्योंकि जानवर फिर इधर-उधर चले जाते, इसलिए वह उन्हें लेकर घर लौटा और उन्हें बाड़े में बाँधकर, बिना किसी से कुछ कहे हुए गाय की तलाश में निकल पड़ा। उस छोटे लड़के की यह हिम्मत देखो! अँधेरा हो रहा है, चारों तरफ सन्नाटा छाया हुआ है, जंगल भाँय-भाँय कर रहा है, गीदड़ों का हौवाना सुनाई दे रहा है, पर वह बेखौफ जंगल में बढ़ा चला जा रहा है।

कुछ दूर तक तो वह गाय को ढूँढता रहा, लेकिन जब और अँधेरा हो गया तो उसे डर मालूम होने लगा। जंगल में अच्छे-अच्छे आदमी डर जाते हैं, उस छोटे-से बच्चे का कहना ही क्या! मगर जाए कहाँ? जब कुछ न सूझी तो एक पेड़ पर चढ़ गया और उसी पर रात काटने की ठान ली। उसने पक्का इरादा कर लिया था कि बगैर गाय को लाए घर न लौटूँगा। दिन-भर का थका-माँदा तो था ही, उसे जल्दी नींद आ गई। नींद चारपाई और बिछावन नहीं ढूँढती।

अचानक पेड़ इतनी जोर से हिलने लगा कि उसकी नींद खुल गई। गिरते-गिरते बच गया। सोचने लगा—पेड़ कौन हिला रहा है? आँखें मलकर नीचे की तरफ देखा

तो उसके रोएँ खड़े हो गए। एक शेर पेड़ के नीचे खड़ा उसकी तरफ ललचाई हुई आँखों से ताक रहा था। उसकी जान सूख गई। वह दोनों हाथों से डाल से चिपट गया। नींद भाग गई।

कई घंटे गुज़र गए, पर शेर वहाँ से ज़रा भी न हिला। वह बार-बार गुर्राता और उछल-उछलकर लड़के को पकड़ने की कोशिश करता। कभी-कभी तो इतने नज़दीक आ जाता कि लड़का ज़ोर से चिल्ला उठता।

रात ज्यों-त्यों करके कटी, सवेरा हुआ। लड़के को कुछ भरोसा हुआ कि शायद शेर उसे छोड़कर चला जाए। मगर शेर ने हिलने का नाम तक न लिया। सारे दिन वह उसी पेड़ के नीचे बैठा रहा। शिकार सामने देखकर वह कहाँ जाता? पेड़ पर बैठे-बैठे लड़के की देह अकड़ गई थी, भूख के मारे बुरा हाल था, मगर शेर था कि वहाँ से जौ-भर भी न हटता था। उस लड़के से थोड़ी दूर पर छोटा-सा झरना था। शेर कभी-कभी उस तरफ ताकने लगता था। लड़के ने सोचा कि शेर प्यासा है। उसे कुछ आस बँधी कि ज्योंही वह पानी पीने जाएगा, मैं भी यहाँ से खिसक चलूँगा। आखिर शेर उधर चला। लड़का पेड़ पर से उतरने की फिक्र कर ही रहा था कि शेर पानी पीकर लौट आया। शायद उसने भी लड़के का मतलब समझ लिया था। वह आते ही इतनी ज़ोर से दहाड़ा और ऐसा उछला कि लड़के के हाथ-पाँव ढीले पड़ गए, जैसे वह नीचे गिरा जा रहा हो। मालूम होता था, हाथ-पाँव पेट में घुसे जा रहे हैं। ज्यों-त्यों करके वह दिन भी बीत गया। ज्यों-ज्यों रात होती जाती थी, शेर की भूख भी तेज़ होती जाती थी। शायद उसे यह सोच-सोचकर गुस्सा आ रहा था कि खाने की चीज़ सामने रखी है और मैं दो दिन से भूखा बैठा हूँ। क्या आज भी एकादशी रहेगी? वह रात भी उसे ताकते ही बीत गई।

तीसरा दिन भी निकल आया। मारे भूख के उसकी आँखों में तितलियाँ-सी उड़ने लगीं। वह चाहता था कि किसी तरह जल्दी से शिकार मिल जाए। लड़के ने इधर-उधर बहुत निगाह दौड़ाई कि कोई नज़र आ जाए, मगर कोई नज़र न आया। तब वह चिल्ला-चिल्लाकर रोने लगा। मगर वहाँ उसका रोना कौन सुनता।

आखिर उसे एक तदबीर सूझी। वह पेड़ की फुनगी पर चढ़ गया और अपनी धोती खोलकर हवा में उड़ाने लगा कि शायद किसी शिकारी की नज़र पड़ जाए। एकाएक वह खुशी से उछल पड़ा। उसकी सारी भूख, सारी कमज़ोरी गायब हो गई। कई आदमी झरने के पास खड़े उस उड़ती झंडी को देख रहे थे। शायद उन्हें अचम्भा हो रहा था कि जंगल के इस पेड़ पर झंडी कहाँ से आई? लड़के ने उन आदमियों को गिना—एक, दो, तीन, चार।

जिस पेड़ पर लड़का बैठा, वहाँ की जमीन कुछ नीची थी। उसे खयाल आया कि अगर वे लोग मुझे देख भी लें तो उनको यह कैसे मालूम होगा कि इसके नीचे तीन दिन का भूखा शेर बैठा हुआ है? अगर मैं उन्हें होशियार न कर दूँ तो यह दुष्ट किसी-न-किसी को जरूर चट कर जाएगा। यह सोचकर वह पूरी ताकत से चिल्लाने लगा। उसकी आवाज़ सुनते ही वे लोग रुक गए और अपनी-अपनी बन्दूकें सँभालकर उसको ताकने लगे।

लड़के ने चिल्लाकर कहा–''होशियार रहो! होशियार रहो! इस पेड़ के नीचे एक शेर बैठा हुआ है।!''

शेर का नाम सुनते ही वे लोग सँभल गए; चटपट बन्दूकों में गोलियाँ भरीं और चौकन्ने होकर आगे बढ़ने लगे।

शेर को क्या खबर कि नीचे क्या हो रहा है! वह तो अपने शिकार की ताक में घात लगाए बैठा था। एकाएक पैरों की आहट पाते ही वह चौंक उठा और उन चारों आदमियों को एक टीले की आड़ में देखा। फिर क्या कहना था। मुँहमाँगी मुराद मिली। भूख में सब्र कहाँ? वह इतने ज़ोर से गरजा कि सारा जंगल हिल गया और उन आदमियों की तरफ जोर से जस्त मारी। मगर वे लोग पहले से ही तैयार थे। चारों ने एक साथ गोली चलाई। दन-दन-दन-दन आवाज़ हुई। चिड़ियाँ पेड़ों से उड़-उड़कर भागने लगीं। लड़के ने नीचे देखा–शेर जमीन पर गिरा पड़ा था। वह एक बार फिर उछला और फिर गिर पड़ा। फिर वह हिला तक नहीं।

लड़के की खुशी का क्या पूछना! भूख-प्यास का नाम तक न था। चटपट पेड़ से उतरा तो देखा–उसके सामने उसका मालिक खड़ा है। वह रोता हुआ उसके पैरों पर गिर पड़ा। मालिक ने उसे उठाकर छाती से लगा लिया और बोला–''क्या तू तीन दिन से इसी पेड़ पर था?''

लड़के ने कहा–''हाँ, उतरता कैसे? नीचे तो शेर बैठा था''

मालिक–''हमने तो समझा था कि किसी शेर ने तुझे मारकर खा लिया। हम चारों आदमी तीन दिन से ढूँढ रहे हैं। तूने हमसे कहा तक नहीं और निकल खड़ा हुआ।''

लड़का–''मैं डरता था... गाय जो खोई थी।''

मालिक–''अरे पागल, गाय तो उसी दिन आप ही आप चली आई थी।''

भूख-प्यास से शक्ति तक न रहने पर भी लड़का हँस पड़ा।

गुब्बारे पर चीता

"मैं तो जाऊँगा, ज़रूर जाऊँगा, चाहे कोई छुट्टी दे या न दे।"

एक स्कूल के सामने एक बड़ा मैदान है, कई लड़के खड़े हैं और बलदेव अपनी जेब में हाथ डाले हुए सब लड़कों को सरकस देखने के लिए चलने की सलाह दे रहा है।

बात यह थी कि स्कूल के पास एक मैदान में सरकस पार्टी आई हुई थी। सारे शहर की दीवारों पर उसके विज्ञापन चिपका दिए गए थे। विज्ञापन में तरह-तरह के जंगली जानवर अजीब-अजीब काम करते दिखाई गए थे। लड़के तमाशा देखने के लिए ललचा रहे थे। पहला तमाशा रात को शुरू होनेवाला था। मगर हेडमास्टर साहब ने लड़कों को वहाँ जाने की मनाही कर दी थी। इश्तिहार बड़ा आकर्षक था—

आ गया है! आ गया है!!

'जिस तमाशे का आप लोग भूख-प्यास छोड़कर इन्तज़ार कर रहे थे, वही बम्बई सरकस आ गया है आइए और तमाशे का आनन्द उठाइए। बड़े-बड़े खेलों के सिवा एक खेल और भी दिखाया जाएगा, जो न किसी ने देखा होगा और न सुना होगा।'

लड़कों का मन तो सरकस में लगा हुआ था। सामने किताबें खोले जानवरों की चर्चा कर रहे थे—क्योंकर शेर और बकरी एक बर्तन में पानी पिएँगे? और इतना बड़ा हाथी पैरगाड़ी पर कैसे बैठेगा? पैरगाड़ी के पहिए बहुत बड़े-बड़े होंगे? और तोता बन्दूक छोड़ेगा और बनमानुष बाबू बनकर मेज़ पर बैठेगा!

बलदेव सबसे पीछे बैठा हुआ अपनी हिसाब की कापी पर शेर की तस्वीर खींच रहा था और सोच रहा था कि कल शनीचर नहीं, इतवार होता तो कैसा मज़ा आता।

बलदेव ने बड़ी मुश्किल से कुछ पैसे जमा किए थे। मना रहा था कि कब छुट्टी हो और भागूँ। हेडमास्टर साहब का हुक्म सुनकर वह जामे से बाहर हो गया। छुट्टी

होते ही वह बाहर मैदान में निकल आया और लड़कों से बोला–''मैं तो जाऊँगा, ज़रूर जाऊँगा, चाहे कोई छुट्टी दे या न दे।'' मगर और लड़के इतने साहसी न थे। कोई उसके साथ जाने पर राज़ी न हुआ। बलदेव अब अकेला पड़ गया। मगर वह बड़ा जिद्दी था। दिल में जो बात बैठ जाती, उसे पूरा करके ही छोड़ता था। शनीचर को और लड़के तो मास्टर के साथ गेंद खेलने चले गए, बलदेव चुपके से खिसककर सरकस की ओर चला। वहाँ पहुँचते ही उसने जानवरों को देखने के लिए एक आने का टिकट खरीदा और जानवरों को देखने लगा। इन जानवरों को देखकर बलदेव मन में बहुत झुँझलाया। वह शेर है? मालूम होता है जैसे महीनों से इसे मलेरिया बुखार आ रहा हो। वह भला क्या बीस हाथ ऊँचा उछलेगा। और यह सुन्दरवन का बाघ है? जैसे किसी ने इसका खून चूस लिया हो। मुर्दे की तरह पड़ा है। वाह रे भालू! यह भालू है या सूअर? और वह भी काना–जैसे मौत के चंगुल से निकल भागा हो। अलबत्ता यह चीता कुछ जानदार है और एक तीन टाँग का कुता भी।

यह कहकर बड़े ज़ोर से हँसा। उसकी एक टाँग किसने काट ली? दुमकटे कुते तो देखे थे, पैरकटा कुता आज ही देखा। और यह दौड़ेगा कैसे?

उसे अफसोस हुआ कि गेंद छोड़कर यहाँ नाहक आया। एक आने पैसे भी गए। ऐसे जानवरों को तो मैं सेंत-मेत भी न देखता।

इतने में एक बड़ा भारी गुब्बारा दिखाई दिया। उसके पास एक आदमी खड़ा चिल्ला रहा था–''आओ, चले आओ, चार आने में आसमान की सैर करो।''

अभी वह उसी तरफ देख रहा था कि अचानक शोर सुनकर वह चौंक पड़ा। पीछे फिरकर देखा तो मारे डर के उसका दिल काँप उठा। वही चीता न जाने किस तरह पिंजरे से निकलकर उसकी तरफ दौड़ा चला आ रहा था। बलदेव जान लेकर भागा।

इतने में एक ओर तमाशा हुआ। उधर से चीता गुब्बारे की तरफ दौड़ा। जो आदमी गुब्बारे की रस्सी पकड़े हुआ था, वह चीते को अपनी तरफ आता देखकर बेतहाशा भागा। बलदेव को और कुछ न सूझा तो वह झट से गुब्बारे पर चढ़ गया। चीता भी शायद उसे पकड़ने के लिए कूदकर गुब्बारे पर जा पहुँचा। गुब्बारे की रस्सी छोड़कर वह आदमी तो पहले ही भाग गया था। वह गुब्बारा उड़ने के लिए बिल्कुल तैयार था। रस्सी छूटते ही वह ऊपर उठा। बलदेव और चीता दोनों ऊपर उठ गए। बात की बात में गुब्बारा ताड़ के बराबर जा पहुँचा। बलदेव ने एक बार नीचे देखा तो लोग चिल्ला-चिल्लाकर उससे बचने के उपाय बतलाने लगे। मगर बलदेव के तो होश उड़े हुए थे। उसकी समझ में कोई बात न आई। ज्यों-ज्यों गुब्बारा ऊपर

उठता जाता था, चीते की जान निकली जाती थी। उसकी समझ में न आता था कि कौन उसे आसमान की ओर लिये जाता है। वह चाहता तो बड़ी आसानी से बलदेव को चट कर जाता, मगर उसे अपनी ही जान की फ़िक्र पड़ी हुई थी। सारा चीतापन भूल गया था। आखिर वह इतना डरा कि कि उसके हाथ-पाँव फूल गए और वह फिसलकर उल्टा नीचे गिरा। जमीन पर गिरते ही उसकी हड्डी-पसली चूर-चूर हो गई।

अब तक तो बलदेव को चीते का डर था। अब यह फ़िक्र हुई कि गुब्बारा मुझे कहाँ लिये जाता है? वह एक बार घंटाघर की मीनार पर चढ़ा था। ऊपर से उसे नीचे के आदमी खिलौनों-से और घर घरौंदों-से लगते थे। मगर इस वक्त वह उससे कई गुना ऊँचा था।

एकाएक उसे एक बात याद आ गई। उसने किसी किताब में पढ़ा था कि गुब्बारे का मुँह खोल देने से गैस निकल जाती है और गुब्बारा नीचे उतर आता है। मगर उसे यह न मालूम था कि मुँह बहुत धीरे-धीरे खोलना चाहिए। उसने एकदम उसका मुँह खोल दिया और गुब्बारा बड़े वेग से गिरने लगा। जब वह ज़मीन से थोड़ी ऊँचाई पर आ गया तो उसने नीचे की तरफ देखा, दरिया बह रहा था। फिर तो वह रस्सी छोड़कर दरिया में कूद पड़ा और तैरकर निकल आया।

मिट्ठू

बन्दरों के तमाशे तो तुमने बहुत देखे होंगे। मदारी के इशारों पर बन्दर कैसी-कैसी नकलें करता है, उसकी शरारतें भी तुमने देखी होंगी। तुमने उसे घरों से कपड़े उठाकर भागते देखा होगा। पर आज हम तुम्हें एक ऐसा हाल सुनाते हैं, जिससे मालूम होगा कि बन्दर लड़कों से दोस्ती भी कर सकता है।

कुछ दिन हुए लखनऊ में एक सरकस-कम्पनी आई थी। उसके पास शेर, भालू, चीता और कई तरह के और भी जानवर थे। इनके सिवा एक बन्दर मिट्ठू भी था। लड़कों के झुंड-के-झुंड रोज़ इन जानवरों को देखने आया करते थे। मिट्ठू ही उन्हें सबसे अच्छा लगता। उन्हीं लड़कों में गोपाल भी था। वह रोज़ आता और मिट्ठू के पास घण्टों चुपचाप बैठा रहता। उसे शेर, भालू, चीते आदि से कोई प्रेम न था। वह मिट्ठू के लिए घर से चने, मटर, केले लाता और खिलाता। मिट्ठू भी उससे इतना हिल-मिल गया था कि बगैर उसके खिलाए कुछ न खाता। इस तरह दोनों में बड़ी दोस्ती हो गई।

एक दिन गोपाल ने सुना कि सरकस-कम्पनी वहाँ से दूसरे शहर में जा रही है। यह सुनकर उसे बड़ा रंज हुआ। वह रोता हुआ माँ के पास आया और बोला—''अम्मा, मुझे एक अठन्नी दो, मैं जाकर मिट्ठू को खरीद लाऊँ। वह न जाने कहाँ चला जाएगा। फिर मैं उसे कैसे देखूँगा? वह भी मुझे न देखेगा तो रोएगा।''

माँ ने समझाया—''बेटा, बन्दर किसी को प्यार नहीं करता। वह तो बड़ा शैतान होता है। यहाँ आकर सबको काटेगा, मुफ्त में उलाहने सुनने पड़ेंगे।''

लेकिन लड़के पर माँ के समझाने का कोई असर न हुआ। वह रोने लगा। आखिर माँ ने मजबूर होकर उसे एक अठन्नी निकालकर दे दी।

अठन्नी पाकर गोपाल मारे खुशी के फूल उठा। उसने अठन्नी को मिट्टी से मलकर खूब चमकाया, फिर मिट्ठू को खरीदने चला। लेकिन मिट्ठू वहाँ दिखाई न दिया। गोपाल का दिल भर आया—मिट्ठू कहीं भाग तो नहीं गया? मालिक को अठन्नी

दिखाकर गोपाल बोला—"क्यों साहब, मिट्ठू को मेरे हाथ बेचेंगे?"

मालिक रोज़ उसे मिट्ठू से खेलते और खिलाते देखता था। हँसकर बोला—"अबकी बार आऊँगा तो मिट्ठू को तुम्हें दे दूँगा।"

गोपाल निराश होकर चला आया और मिट्ठू को इधर-उधर ढूँढने लगा। वह उसे ढूँढने में इतना मग्न था कि उसे किसी बात की खबर न थी। उसे बिल्कुल न मालूम हुआ कि वह चीते के कठघरे के पास आ गया था। चीता भीतर चुपचाप लेटा था। गोपाल को कठघरे के पास देखकर उसने पंजा बाहर निकाला और उसे पकड़ने की कोशिश करने लगा। गोपाल तो दूसरी तरफ ताक रहा था। उसे क्या खबर थी कि चीते का तेज़ पंजा उसके हाथ के पास पहुँच गया है। वह इतना करीब था कि चीता उसका हाथ पकड़कर खींच ले कि मिट्ठू न मालूम कहाँ से आकर उसके पंजे पर कूद पड़ा और पंजे को दाँतों से काटने लगा। चीते ने दूसरा पंजा निकाला और उसे ऐसा घायल कर दिया कि वह वहीं पर गिर पड़ा और ज़ोर-ज़ोर से चीखने लगा।

मिट्ठू की यह हालत देखकर गोपाल भी रोने लगा। दोनों का रोना सुनकर लोग दौड़े, पर देखा कि मिट्ठू बेहोश पड़ा है और गोपाल रो रहा है। मिट्ठू का घाव तुरन्त धोया गया और मरहम लगाया गया। थोड़ी देर में उसे होश आ गया। वह गोपाल की ओर प्यार की आँखों से देखने लगा, जैसे कह रहा हो कि अब क्यों रोते हो? मैं तो अच्छा हो गया।

कई दिन मिट्ठू की मरहम-पट्टी होती रही और आखिर वह बिल्कुल अच्छा हो गया। गोपाल अब रोज़ आता और उसे रोटियाँ खिलाता।

आखिर कम्पनी के चलने का दिन आया। गोपाल बहुत रंजीदा था। वह मिट्ठू के कठघरे के पास खड़ा आँसू-भरी आँखों से देख रहा था कि मालिक ने आकर कहा—"अगर तुम मिट्ठू को पा जाओ तो क्या करोगे?"

गोपाल ने कहा—"मैं उसे अपने साथ ले जाऊँगा। उसके साथ-साथ खेलूँगा, उसे अपनी थाली में खिलाऊँगा, और क्या।"

मालिक ने कहा—"अच्छी बात है, मैं बिना तुमसे अठन्नी लिये ही इसे तुम्हारे हाथ बेचता हूँ।"

गोपाल को जैसे कोई राज मिल गया। उसने मिट्ठू को गोद में उठा लिया, पर मिट्ठू नीचे कूद पड़ा और उसके पीछे-पीछे चलने लगा। दोनों खेलते-कूदते पहुँच गए।

बाघ की खाल

राँची से लेकर चक्रधरपुर तक घना जंगल है। उसकी लम्बाई कोई पचहत्तर मील होगी। इस जंगल में तरह-तरह के जानवर रहते हैं। उनमें बाघ सबसे खौफनाक होता है। कई साल हुए मेरा एक दोस्त और मैं राँची के दफ्तर में काम करते थे। हम दोनों चक्रधरपुर के रहने वाले थे। जब दफ्तर में छुट्टियाँ हो जाती, तो हम दोनों घर चले जाते थे। वहाँ रेलवे लाइन है। एक मोटर-बस भी चला करती है। एक बार हम दोनों को एक बड़े जरूरी काम से घर जाना पड़ा। संयोग से उस दिन मोटर-बस भी न मिली। आखिर यह तय किया कि पैर गाड़ी से चलें। हिसाब लगाकर देखा कि अगर बीच में कही न ठहरें तो नौ-दस घण्टों में पहुँच जाएँगे। आखिर कुछ खाने-पीने का सामान लेकर हम दोनों साइकिल पर सवार होकर शाम को छः बजे निकल खड़े हुए।

उजली रात थी। मील-भर जाने के बाद चाँद निकल आया। आस-पास की पहाड़ियाँ दिखाई देने लगीं। चारों ओर सन्नाटा छाया हुआ था और उस सन्नाटे की चीरती हुई हमारी साइकिलें सन-सन चली जा रही थीं। थोड़ी-थोड़ी दूरी पर जंगली आदमियों की बस्तियाँ मिल जाती थीं। उनकी झोंपडियों से ढोल और बाँसुरी की मीठी-मीठी आवाज़ें आ जाती थीं। हम दोनों इस दृश्य का आनन्द उठाते चले जा रहे थे।

अचानक मेरे दोस्त को कै आ गई और वह साइकिल से गिर पड़ा। उसका यह हाल देखकर मेरी जान सूख गई। उसे तो हैज़ा हो गया था! अब क्या करूँ? न कोई बस्ती न गाँव, उसे कहाँ ले जाऊँ? कुछ समझ में न आता था। मैंने अपने दोस्त का नाम लेकर पुकारा, मगर उसके मुँह से कोई आवाज न निकली। वह दर्द-भरी आँखों से मेरी तरफ देखने लगा। उसकी यह दशा देखकर मुझे भी रोना आ गया। फिर सोचा—रोने से क्या होगा? देखूँ, यहाँ नजदीक कोई गाँव है या नहीं, शायद किसी से मदद मिल जाए। मैंने अपने दोस्त से फिर पूछा—''भाई, तुम्हारा जी कैसा

है? कुछ तो बताओ!'' फिर भी कोई जवाब नहीं। मैंने उसकी नाड़ी पर हाथ रखा। नाड़ी का कहीं पता नहीं। हाँ, साँस चल रही थी। सोचने लगा– उसे छोड़कर कैसे जाऊँ? कोई जंगली जानवर आ पहुँचे तो लाश का भी पता न चले। आखिर मैंने दोनों पैर गाड़ियों को एक पेड़ के सहारे खड़ा किया और अपने दोस्त को उस पर लिटाकर किसी गाँव की तलाश में निकला।

रास्ते में बार-बार अपने दोस्त का ख्याल आने लगा। चारों ओर घना जंगल! पेड़ों के नीचे बड़ी मुश्किल से रोशनी पहुँचती थी। रास्ता दिखाई न देता था। अचानक मैं एक पत्थर से ठोकर खाकर गिर पड़ा। चोट तो ज्यादा न आई, मगर हाथ-पाँव कुछ छिल गए। मैं फिर उठा कि एकाएक कुछ आहट पाकर पीछे की ओर ताका। क्या देखता हूँ कि कोई पंद्रह गज़ की दूरी पर एक बाघ खड़ा है। मेरे होश उड़ गए। ऐसे जान पड़ा जैसे बदन में खून नहीं है। साँस तक बन्द हो गई मुझे खड़ा देखकर वह भी रुक गया। फिर मैंने सोचा कि शायद मुझे भ्रम हो गया है, शायद मैं किसी पेड़ की परछाई को बाघ समझ रहा हूँ। यह सोचकर मैं फिर आगे बढ़ा, मगर बाघ की आँखें पीछे ही लगी रहीं। अबकी बार सचमुच मुझे पत्तों की खड़खड़ाहट सुनाई दी। मैंने फिर पीछे की ओर देखा–बाघ मेरे पीछे-पीछे चला आ रहा था। मेरे रोएँ खड़े हो गए और मैं लकड़ी-सा-तन गया। कुछ सोचने की मुझमें शक्ति ही नहीं रही। मुझे खड़ा होते देखकर वह जमीन पर हाथ-पाँव फैलाकर बैठ गया। मुझे अब जान की कोई आशा न रही। न तो मेरे पास कोई पिस्टल था और न चाकू। न मालूम क्या सोचकर मैं बड़े जोर से चिल्ला उठा। बाघ मेरी आवाज सुनते ही उठा और चुपचाप जंगल की ओर चला गया।

बाघ को जाते देखकर मैं इतना खुश हुआ कि क्या कहूँ! मेरी हिम्मत भी लौट आई। सोचने लगा– घर पहुँच कर सबको यह किस्सा सुनाऊँगा और कहूँगा कि अगर कोई इसी तरह बाघ के सामने पड़ जाए तो खूब चिल्लाना चाहिए। यही सोचता हुआ मै तेज़ी से चला जाता था।

अभी थोड़ी ही दूर गया था कि फिर कुछ आहट मिली। देखा तो सामने बाघ! मैंने तो अपनी समझ में बाघ को भगाने का मंत्र पा लिया था। लगा ज़ोर से चिल्लाने! मग़र अब की बाघ वहाँ से हिला भी नहीं। उसका जवाब उसने यह दिया कि मुझसे आठ-दस गज़ पर मारे खुशी के अपनी दुम हिलाने लगा। अब तो मेरी हिम्मत छूट गई। कह नहीं सकता कि मैं कितनी देर तक वहाँ खड़ा रहा। एकाएक मोटर के हॉर्न की आवाज़ कान में आई। फिर सोचा, शायद यह भी भ्रम हो। फिर भी मुझे कुछ हिम्मत हुई। मैं धीरे-धीरे पीछे हटने लगा। कोई आठ-दस कदम पीछे हटा कि

अचानक बाघ उठा। मेरा कलेजा मानो सिमटकर एड़ियों में धँस गया। बस, वह मुझ पर फाँदा! मैंने झट आँखें बन्द कर लीं और हाथों से सिर पकड़ लिया। मगर बाघ मुझ पर फाँदा नहीं, बल्कि जितनी दूर मैं पीछे हट गया, उतना ही वह आगे बढ़ गया और फिर बैठ गया।

फिर हॉर्न की आवाज़ सुनाई दी। शायद कोई लॉरी राँची से आ रही थी। फिर मुझे होश नहीं कि क्या हुआ? सिर्फ इतना याद है कि मैं एक मर्तबा बड़े जोर से चिल्लाया था–मार डाला! मारा डाला!

जब मुझे होश आया तो मैंने देखा कि मेरा सिर किसी की जाँघ पर रखा हुआ है और आस-पास कई आदमी खड़े हैं। मेरा दोस्त भी वहीं बैठा हुआ है। मैंने उनसे थोड़ा पानी माँगा। उन्होंने मुझे गर्म दूध निकालकर पिलाया। बाद में यह मालूम हुआ कि यह साहब इंजीनियर थे, अपने तीन-चार दोस्तों के साथ टाटा नगर जा रहे थे। रास्ते में उन्हें दिखाई दिया कि एक पेड़ के नीचे दो आँखें-सी चमक रही हैं। उन्होंने बाघ समझकर बन्दूक उठाई। अचानक उस पर मोटर की रोशनी पड़ते ही उन्होंने देखा कि वे बाघ की आँखे नहीं हैं, बल्कि दो पैरगाड़ियों की बत्तियाँ जल रही हैं। उन्होंने फौरन मोटर रोक ली और उतरकर पेड़ के नीचे आए; देखा कि एक आदमी बेहोश पड़ा हुआ है। उनके पास कुछ दवाएँ थी। दवाएँ पिलाने से उस आदमी की हालत कुछ सँभल गई। उन्होंने उसे मोटर में बैठाया और चले ही आ रहे थे कि फिर देखा–एक बाघ मेरी छाती पर दोनों अगले पंजे रखकर बैठा हुआ है। मोटर के करीब आते ही बाघ ने मुझे छोड़ दिया और भागा, मगर इंजीनियर साहब की बन्दूक ने उसे वहीं ठंडा कर दिया।

उन्हीं की मदद से हम दोनों घर पहुँचे। मेरे सारे कपड़े खून से तर थे। छाती में जख्म हो गया था। कई दिन मरहम-पट्टी करने के बाद मैं अच्छा होकर फिर राँची लौटा। उसके थोड़े ही दिन बाद इंजीनियर साहब ने मुझ एक बाघ की खाल भेज दी और लिखा कि यह उसी बाघ की खाल है।

वह खाल अभी तक मेरे पास मौजूद है।

जुड़वाँ भाई

कभी-कभी मूर्ख ज़रा-ज़रा सी बात पर औरतों को पीटा करते हैं। एक गाँव में ऐसा ही एक किसान था। उसकी औरत से कोई छोटा-सा नुकसान भी हो जाता तो वह उसे बगैर मारे न छोड़ता। एक दिन बछड़ा गाय का दूध पी गया। इस पर किसान इतना झल्लाया कि औरत को कई लातें जमा दीं। बेचारी रोती घर से भागी। उसे यह न मालूम था कि मैं कहाँ जा रही हूँ। वह किसी ऐसी जगह भाग जाना चाहती थी, जहाँ उसका शौहर उसे फिर न पा सके।

चलते-चलते वह एक जंगल में पहुँच गई। पहले तो वह बहुत डरी कि कोई जानवर न उठा ले जाए, मगर फिर सोचा—मुझे क्या डर? जब दुनिया में मेरा कोई अपना नहीं है, तो फिर मुझे जीकर क्या करना है? मरकर मुसीबत से छूट जाऊँगी! मगर उसे कोई जानवर न मिला और वह रात को एक पेड़ के नीचे सो गई।

दूसरे दिन उसने उसी जंगल में एक छोटी-सी झोंपड़ी बना ली और उसमें रहने लगी। लकड़ी और फूस की कोई कमी थी नहीं, मूँज भी भरपूर थी। दिन-भर में झोंपड़ी तैयार हो गई। अब वह जंगल में लकड़ियाँ बटोरती और आस-पास के गाँवों में बेचकर खाने-पीने का सामान खरीद लाती। इसी तरह उसके दिन कटने लगे।

कुछ दिनों के बाद उस औरत के जुड़वा लड़के पैदा हुए। बच्चों को पालने-पोसने में उसका बहुत सा वक्त निकल जाता और वह मुश्किल से लकड़ियाँ बटोर पाती। उसे अब रात को भी काम करना पड़ता। मगर इतनी मुसीबत झेलने पर भी वह अपने शौहर के घर न जाती थी।

एक दिन वह दोनों बच्चों को लिये सो रही थी। गरमी की रात थी। उसने हवा के लिए झोंपड़ी का दरवाज़ा खुला छोड़ दिया था। अचानक रोने की आवाज़ सुनकर उसकी नींद टूट गई तो देखा कि एक बड़ा भालू उसके बच्चे को उठाए लिये जा रहा है। वह उसके पीछे-पीछे दौड़ी, मगर भालू जंगल में न जाने कहाँ घुस गया।

बेचारी छाती पीट-पीटकर रोने लगी। थोड़ी देर में उसे दूसरे लड़के की याद

आई। भागती हुई झोंपड़ी में आई, मगर देखा कि दूसरे लड़के का भी पता नहीं। फिर छाती पीटने लगी। ज़िन्दगी का यही एक सहारा था, वह भी जाता रहा। वह दुःख की मारी दूसरे ही दिन मर गई।

भालू उसके बच्चे को ले-जाकर अपनी माँद में घुस गया और बच्चों के पास छोड़ दिया। बच्चे को हँसते-खेलते देखकर भालू के बच्चों को न मालूम कैसे उस पर तरस आ गया। पशु कभी-कभी बालकों पर दया करते हैं। यह लड़का भालू के बच्चों के साथ रहने लगा। उन्हीं के साथ खेलता, उन्हीं के साथ खाता और उन्हीं के साथ रहता। धीरे-धीरे वह उन्हीं की तरह चलने-फिरने लगा। उसकी सारी आदतें जानवरों की-सी हो गईं। वह सूरत से आदमी, मगर आदतों से भालू था और उन्हीं की बोली भी बोलता था।

अब दूसरे लड़के का हाल सुनो! जब उसकी माँ उसके भाई की खोज में चली गई थी, तो झोंपड़ी में एक नई बात हो गई। एक राजा खेलने के लिए जंगल में आया था और अपने साथियों से अलग होकर भूखा-प्यासा इधर उधर भटक रहा था। अचानक उसने झोंपड़ी देखी तो दरवाजे पर आकर पुकारने लगा– 'कोई अन्दर हो तो मुझे थोड़ा-सा पानी पिला दो, मैं बहुत प्यासा हूँ'। मगर जब बच्चे के रोने के सिवा उसे कोई जवाब न मिला तो वह झोंपड़ी में घुस आया। देखा कि एक बच्चा पड़ा रो रहा है, और वहाँ कोई नहीं है। वह बाहर आकर चिल्लाने लगा कि 'यहाँ कौन रहता है? जल्दी आओ, तुम्हारा बच्चा अकेला रो रहा है।'

जब कई बार पुकारने पर कोई भी नहीं आया, तो उसने समझा कि उस बच्चे की माँ को कोई जानवर उठा ले गया है। राजा के कोई लड़का नहीं था। उसने बच्चे को गोद में उठा लिया और घर चला आया।

बीस वर्ष बीत गए। किसान का अनाथ बच्चा राजा हो गया। वह बड़ा विद्वान और चतुर निकला। बहादुर भी ऐसा था कि इतनी ही उम्र में उसने अपने बहुत-से दुश्मनों को हरा दिया।

एक दिन नए राजा साहब शिकार खेलने गए, मगर कुछ हाथ न लगा। निराश होकर घर की ओर लौटे आ रहे थे कि इतने में उन्होंने देखा– एक अद्भुत जानवर एक बड़े हिरन को कन्धे पर लादे भागा जा रहा है। उसकी शक्ल बिल्कुल आदमी की-सी थी। सिर, दाढ़ी, मूँछ के बाल इतने बढ़ गए थे कि उसका मुँह करीब-करीब बालों से ढँक गया था। उसे देखकर राजा ने फौरन घोड़ा रोक लिया और उसे जिन्दा पकड़ने की कोशिश करने लगे। वह जानवर हिरन को जमीन पर रखकर राजा की ओर दौड़ा। राजा साहब शिकार खेलने में चतुर थे। उन्होंने तलवार निकाली और

दोनों में लड़ाई होने लगी। आखिर वह जानवर जख्मी हो गया। राजा साहब ने उसे अपने घोड़े पर लाद लिया ओर अपने घर लाए। कुछ दिनों तक तो वह पिंजड़े में बन्द रखा गया, फिर कभी-कभी बाहर निकाला जाने लगा। धीरे-धीरे उसकी आदतें बदलने लगीं। वह आदमियों की तरह चलने लगा और आदमियों की तरह बोलने भी लगा। उसके बाल काट दिए गए और कपड़े पहना दिए गए।

देखने वालों को अचम्भा होता था कि इस जंगली आदमी की सूरत राजा साहब से कितनी मिलती है, मगर यह किसे मालूम था कि वह राजा साहब का ही जुड़वाँ भाई है, जिसे भालू उठा ले गया था!

दक्षिण अफ्रीका में शेर का शिकार

एक मशहूर शिकारी ने एक शिकार का हाल लिखा है। आज हम उसकी कथा उसी की ज़बान से सुनाते हैं—कई साल हुए, एक दिन मैं नैरोबी की एक चौड़ी गली से जा रहा था कि एक शेरनी पर नज़र पड़ी जो अपने दो बच्चों समेत झाड़ियों की तरफ चली जा रही थी। शायद शिकार की तलाश में बस्ती में घुस आई थी। उसे देखते ही मैं लपककर अपने घर आया और रायफल लेकर फिर उसी तरफ चला। संयोग से चाँदनी रात थी। मैंने आसानी से शेरनी को मार डाला और उसके दोनों बच्चों को पकड़ लिया। इन बच्चों की उम्र ज्यादा न थी; सिर्फ तीन हफ्ते के मालूम होते थे। एक नर था, दूसरा मादा। मैंने नर का नाम जैक और मादा का जिल रखा। जैक तो जल्द बीमार होकर मर गया, जिल बच रही। जिल अपना नाम समझती और मेरी आवाज़ पहचानती थी। मैं जहाँ जाता वहाँ कुत्ते की तरह मेरे पीछे-पीछे चलती। मेरे कमरे में फर्श पर लेटी रहती थी। अक्सर मेरे पैरों पर सो जाती और जगाने के बाद अपने पंजे मेरे घुटनों पर रखकर बिल्ली की तरह मेरा सिर अपने चेहरे पर मलती।

एक दिन चाँदनी रात में जिल को साथ लेकर सैर के लिए निकला। हम दोनों खुशी के साथ सड़क पर चले जा रहे थे। मैं यह बिल्कुल भूल गया था कि उस होटल में नाच होनेवाला है। संयोग से देखिए कि मैं और जिल उस वक्त होटल के पास पहुँचे, जब कोई मेहमान सवारी की तलाश में बाहर खड़ा था। उसने जब देखा कि एक शेरनी सड़क के बीचों-बीच उसकी तरफ चली आ रही है, तो वह इतना घबराया कि बयान से बाहर है और सामने की तरफ बेतहाशा भागा। उसे भागते देखकर और भी दो-तीन आदमी भाग चले। जिल ने समझा यह भी कोई खेल है, वह भी उनके पीछे-पीछे दौड़ी। हँसते-हँसते मेरे पेट में बल पड़ गए। आखिर मैं भी जिल के पीछे दौड़ा और बड़ी मुश्किल से जिल को पकड़ पाया। यद्यपि उसने किसी को घायल नहीं किया, मगर आनन्द की ज़िन्दगी बितानेवालों की बहादुरी की कलई खुल

गई। फिर मैं जिल को लेकर चाँदनी रात में कभी बाहर न निकला।

एक दिन मैं एक जगह दावत खाने गया। वहाँ से अपने बँगले की तरफ चला तो आधी रात हो गई थी। आधा रास्ता तय कर चुका था। एकाएक चलने की आवाज़ सुनाई दी। ऐसा मालूम हुआ कि कोई आदमी घबराहट में शू-शू कर रहा है। ज़रा और आगे बढ़ा तो देखा कि एक सिख सन्तरी लालटेन के खम्भे पर चढ़ा बदहवासी की हालत में शू-शू कर रहा है। मुझे देखते ही उसने कहा–''साहब, ज़रा बचे रहिएगा! एक शेर बिल्कुल पास खड़ा है और घोड़े को खा रहा है!''

मैंने इधर-उधर निगाह दौड़ाई तो पचास कदम के फासले पर एक शेर दिखाई दिया। वह सचमुच एक घोड़े को खा रहा था। सन्तरी के शोरगुल की उसे बिल्कुल परवाह न थी।

मैंने सिख सन्तरी को आवाज़ दी कि वह जहाँ है, वहीं ठहरा रहे। मैं अकेले एक दोस्त के पास बन्दूक लेने गया। जब रायफल लेकर लौटा तो देखा शेर बैठा होंठ चाट रहा है और सन्तरी ज्यों-का-त्यों खम्भे से चिपका खड़ा है। मैंने फौरन शेर पर बन्दूक चलाई। वह ज़ख्मी तो हो गया, मगर मरा नहीं। वह बड़े ज़ोर से गरजा और एक तरफ को चल दिया। लेकिन मैं उसे कब छोड़ने वाला था! मैं खून के निशान देखता हुआ उसके पीछे चला। आखिर मैंने उसे खाड़ी के किनारे पर खड़े देखा। अबकी मेरी गोली काम कर गई, शेर गिर पड़ा। मैं खुश-खुश शेर के पास गया और देखते ही पहचान गया। वह मेरी शेरनी जिल थी!

बनमानुष खानसामा

कुछ दिन हुए, इलाहाबाद में एक सरकस आया था। उसमें और भी बहुत-से जानवर थे, मगर एक बनमानुष बहुत होशियार था। उसे लोग डिक नाम से पुकारते थे। मालिक ने उसे ऐसा सिखाया था कि वह घर का सब काम कर लेता था। हाँ, बोलने से लाचार था। उसके मालिक की स्त्री मर चुकी थी, सिर्फ एक छोटा-सा बच्चा था। जब मालिक कहीं चला जाता, तो डिक ही उस बच्चे की रखवाली करता था।

मालिक के नौकरों में तीन आदमी बड़े शैतान और कामचोर थे। एक दिन तमाशा हो रहा था, पर तीनों आदमी शराब के नशे में चूर पड़े हुए थे। जब उनके काम करने का वक्त आया तो उनका कहीं पता नहीं। मालिक बहुत घबराया। बहुत तलाश करने पर तीनों एक कोठरी में मिले। मगर उस दशा में कर ही क्या सकते थे। तमाशा बरबाद हो गया। तमाशा खत्म होते ही मालिक ने उन तीनों को डाँटा और निकाल दिया। चाहिए तो यह था कि वे अपने किए पर पछताते और मालिक से अपराध क्षमा कराते, मगर वे उलटे बिगड़ उठे और मालिक से इस बेइज्जती का बदला लेने की बात सोचने लगे।

एक दिन तीनों बदमाश इसी घात में बैठे हुए थे कि डिक बच्चे को उसकी छोटी-सी गाड़ी में बिठाकर घुमाने निकला। डिक को देखते ही तीनों उसके पास पहुँचे और एक ने डिक को तमंचा दिखाया, बाकी दोनों आदमी बच्चे को लेकर भाग खड़े हुए।

डिक बड़ा समझदार था। उसने सोचा कि अगर इस वक्त रोकता हूँ तो मेरी भी जान जाएगी और बच्चे की भी। वह चुपचाप वहीं खड़ा रहा। वे तीनों जब बच्चे को लेकर कुछ दूर निकल गए, तो वह एक पेड़ पर चढ़ गया कि देखें ये लोग क्या करते हैं? वे ज्यों-ज्यों आगे बढ़ते जाते थे, डिक भी एक से दूसरे पेड़ पर और दूसरे से तीसरे पेड़ पर कूद-कूदकर उनका पीछा करता जाता था। आखिर वे सब रेलगाड़ी की पटरियों तक पहुँच गए। वहाँ वे बच्चे को रेलगाड़ी की पटरियों के बीच वाली

लकड़ी पर लिटाकर दूर से तमाशा देखने के लिए खड़े हो गए। बच्चे के हाथ-पाँव बँधे थे, इसलिए वह हिल भी न सकता था। डिक भी चुपके से उतरा और एक झाड़ी की आड़ में छिप गया।

अरे! यह तो गजब हुआ! वह दूर से गाड़ी चली आ रही है। बच्चे की जान अब कैसे बचेगी? अब क्या उपाय है? अगर डिक बच्चे के पास जाता है, तो शायद उसे तीनों शैतान देख लें और तमंचे से मार डालें। ज्यादा सोचने का मौका न था। थोड़ी ही दूर पर प्वॉइंट सिंगनल था; इसके सिवा कोई दूसरा उपाय न था। डिक को सिगनल की क्रिया मालूम थी। उसने पहले भी कई बार आदमियों को गाड़ी को एक पटरी से दूसरी पर लाते देखा था।

गाड़ी बच्चे के बहुत करीब आ गई थी। मुसाफिर ने देखा कि एक बच्चा पटरी पर पड़ा हुआ है। ड्राइवर की निगाह भी बच्चे पर पड़ी। वह ब्रेक को कसने लगा, लेकिन गाड़ी का एकदम रुकना मुश्किल था। वह रुकते-रुकते भी बच्चे के सिर पर आ जाएगी। ठीक इसी वक्त डिक ने प्वॉइंट सिगनल को खींचा। गाड़ी दूसरी लाइन पर चली गई। डिक दौड़ता हुआ आया और बच्चे को गोद में लेकर भागा। बदमाश लोग दिल में खुश हो रहे थे कि आज दिली मुराद पूरी हुई। एकाएक उन्होंने देखा कि डिक बच्चे को लिये भागा जा रहा है। वे उसके पीछे दौड़ने लगे। बच्चे की वजह से डिक तेज़ न दौड़ सकता था। तीनों आदमी उसके करीब होते जाते थे। मगर डिक ने हिम्मत न छोड़ी, यहाँ तक कि सरकस का तम्बू सामने आ गया।

एकाएक दन से एक गोली उसकी पीठ पर लगी। आवाज़ सुनते ही मालिक तम्बू से बाहर आया तो देखता है कि डिक बच्चे को लिये पीठ झुकाए लँगड़ाता चला आता है। मालिक ने आगे बढ़कर बच्चा ले लिया। उसी वक्त डिक ज़मीन पर गिर पड़ा और नमक का हक अदा करके इस दुनिया से रुखसत हो गया।

इतने में सरकार के कई आदमी उन तीनों को पकड़े हुए सामने आए। उन तीनों को देखकर मालिक सब-कुछ समझ गया और डिक की छाती पर लोटकर बालक की तरह रोने लगा।

दुर्गादास

भूमिका

बालकों के लिए राष्ट्र के सपूतों के चरित्र से बढ़कर उपयोगी साहित्य का कोई दूसरा अंग नहीं है। इनसे उनका चरित्र ही बलवान नहीं होता, उनमें राष्ट्र-प्रेम और साहस का संचार भी होता है। राजपूताना में बड़े-बड़े शूरवीर हो गए हैं। उस मरुभूमि ने कितने ही नर-रत्नों को जन्म दिया है, पर वीर दुर्गादास अपने अनुपम आत्म-त्याग, अपनी निःस्वार्थ सेवा-भक्ति और अपने उज्ज्वल चरित्र के लिए कोहेनूर के समान हैं। औरों में शौर्य के साथ कहीं-कहीं हिंसा और द्वेष का भाव भी पाया जाएगा, कीर्ति का मोह भी होगा, अभिमान भी होगा, पर दुर्गादास शेर होकर भी साधु था। इन्हीं कारणों से हमने वीर-रत्न दुर्गादास का चरित्र बालकों के सामने रखा है।

हमने चेष्टा की है कि पुस्तक की भाषा सरल और मुहावरेदार हो और उसमें बालकों की रुचि उत्पन्न हो।

µप्रेमचंद

1

जोधपुर के महाराज जसवन्तसिंह की सेना में आसकरण नाम के एक राजपूत सेनापति थे—बड़े वीर, शीलवान् और परमार्थी। उनकी बहादुरी की इतनी धाक थी कि दुश्मन उनके नाम से काँपते थे। दोनों दयावान् ऐसे थे कि मारवाड़ में कोई अनाथ न था, जो उनके दरबार से निराश लौटे। जसवन्तसिंह भी उनका बड़ा आदर-सत्कार करते थे। वीर दुर्गादास उन्हीं के लड़के थे। छोटे का नाम जसकरण था।

सन् 1605 ई० में आसकरण जी उज्जैन की लड़ाई में धोखे से मारे गए। उस

समय दुर्गादास केवल पंद्रह वर्ष के थे, पर ऐसे होनहार थे कि जसवन्तसिंह अपने बड़े बेटे पृथ्वीसिंह की तरह इन्हें भी प्यार करने लगे। कुछ दिनों बाद जब महाराज दक्खिन की सुबेदारी पर गए, तो पृथ्वीसिंह को राज्य का भार सौंपा और वीर दुर्गादास को सेनापति बनाकर अपने साथ कर लिया। उस समय दक्खिन में महाराज शिवाजी का साम्राज्य था। मुगलों की उनके सामने एक न चलती थी; इसलिए औरंगज़ेब ने जसवन्तसिंह को भेजा था। जसवन्तसिंह के पहुँचते ही मार-काट बंद हो गई। धीरे-धीरे शिवाजी और जसवन्तसिंह में मेल-जोल हो गया। औरंगज़ेब की इच्छा तो थी कि शिवाजी को परास्त किया जाए; यह इरादा पूरा न हुआ तो उसने जसवन्तसिंह को वहाँ से हटा दिया, और कुछ दिन उन्हें लाहौर में रखकर फिर काबुल भेज दिया। काबुल के मुसलमान इतनी आसानी से दबने वाले नहीं थे। भीषण संग्राम हुआ, जिसमें महाराजा के दो लड़के मारे गए। बुढ़ापे में जसवन्तसिंह को बड़ी गहरी चोट लगी। बहुत दुःखी होकर वहाँ से पेशावर चले गए।

उन्हीं दिनों अजमेर में बग़ावत हो गई। औरंगजेब ने पृथ्वीसिंह को विद्रोहियों का दमन करने का हुक्म दिया। पृथ्वीसिंह ने थोड़े दिनों में बग़ावत को दबा दिया। औरंगज़ेब यह खबर पाकर बहुत खुश हुआ और पृथ्वीसिंह को पुरस्कार देने के लिए दिल्ली बुलाया। कुछ लोगों का कहना है कि वहाँ पृथ्वीसिंह को विष से सनी हुई खिलअत पहनाई गई, जिसका नतीजा यह हुआ कि धीरे-धीरे विष उनकी देह में मिल गया और वह थोड़े ही दिनों में संसार से विदा हो गए। यह भी कहा जाता है कि औरंगज़ेब मारवाड़ पर कब्ज़ा करना चाहता था इसलिए जसवन्तसिंह को बार-बार लड़ाइयों पर भेजता रहता था। औरंगज़ेब की इस अप्रसन्नता का कारण शायद यह हो सकता है कि जब दिल्ली के तख्त के लिए शाहजादों में लड़ाई हुई तो जसवन्तसिंह ने दाराशिकोह का साथ दिया था। औरंगज़ेब ने उनका यह अपराध क्षमा न किया था और तब से बराबर उसका बदला लेने की फिक्र में था। खुल्लम-खुल्ला जसवन्तसिंह से लड़ना सारे राजपूताना में आग लगा देना था, इसलिए वह कूटनीति से अपना काम निकालना चाहता था।

पृथ्वीसिंह के मरते ही, औरंगज़ेब ने मारवाड़ में मुगल सूबेदार को भेज दिया। जसवन्तसिंह तो इधर पेशावर में पड़े हुए थे। औरंगज़ेब को मारवाड़ पर अधिकार जमाने का अवसर मिल गया। पृथ्वीसिंह का मरना सुनते ही महाराज पर बिजली-सी टूट पड़ी। शोनिंगजी ने महाराज को गिरने से सँभाला और धीरे से एक पलँग पर लिटा दिया। थोड़ी देर के उपरान्त, जसवन्तसिंह ने आँखें खोलीं। सामने शोनिंगजी को खड़ा देखा। आँखों में आँसू भरकर बोले—''भाई शोनिंगजी! यह प्यारे बेटे के

मरने की खबर नहीं आई! यह मेरे लेने को मेरी मौत आई है। आओ, हम अपने मरने के पहले तुमसे कुछ कहना चहाते हैं।' शोनिंगजी को लिये महाराज भीतर चले आए और एक लोहे की छोटी सन्दूकची देकर बोले—''भाई, यह सन्दूकची हम तुम्हें सौंपते हैं। इसकी रखवाली तुम्हें उस समय तक करनी होगी, जब तक कोई राजपूत मारवाड़ को मुगलों के हाथ से छुड़ाकर हमारी गद्दी पर न बैठे। यदि ईश्वर कभी वह दिन दिखाए तो यह उपहार उस राजकुमार को राजगद्दी के समय भेंट करना। उसके पहले तुम या दूसरा कोई इसको खोलकर देखने की इच्छा भी न करे। यदि किसी आपत्ति के कारण तुम इसकी रक्षा न कर सको, तो दूसरे किसी को जैसे मैंने तुमसे कहा है, कहकर सौंप देना।'

दूसरे दिन महाराज ने अपने सब सरदारों को बुलवाया और बोले—'भाइयों! औरंगज़ेब ने हम राजपूतों से अपने वैर का बदला पूरा-पूरा चुका लिया। अब राजवंश में हमारे पीछे कोई भी न रहा, जो हमारी गद्दी पर बैठे। यद्यपि हमारी दो रानियाँ भाटी और हाड़ी सगर्भा हैं, परन्तु ऐसे खोटे दिनों में क्या आशा की जाए कि उनके लड़का पैदा होगा? लेकिन यदि ईश्वर की कृपा हुई और हमारी गद्दी का वारिस पैदा हुआ, तो यह कोई अनहोनी बात नहीं कि तुम लोगों की सहायता से औरंगज़ेब के हाथों से मारवाड़ को छुड़ा लें; इसलिए हमारी अन्तिम आज्ञा है कि अपने राजकुमार के साथ वैसा ही बर्ताव करना, जैसा आज तक हमारे साथ करते आए हो। भाइयों! जो मारवाड़ आज तक औरों की विपत्ति में सहायता करता था, आज वही अपनी सहायता के लिए दूसरों का मुँह ताक रहा है। आदमी नहीं, समय ही बलवान् होता है! कभी औरंगज़ेब मुझसे डरता था, आज मैं उससे डरता हूँ। अब इस बुढ़ापे में मैं अपने देश के लिए क्या कर सकता हूँ? कुछ नहीं।'

महाराज की आँखों में आँसू डबडबा आए। फिर कुछ न कह सके। थोड़ी देर सभा में सन्नाटा रहा, सभी के चेहरों पर उदासी थी और सभी एक-दूसरे का मुँह ताकते रहे। बाद में महाराज भीतर चले गए और सरदार लोग अपने-अपने डेरों पर लौटे। इसके सप्ताह बाद महाराज ने शरीर त्याग दिया। बहादुर राजपूत शोक और पराजय की चोटों को न सह सका। सब रानियाँ महाराज के साथ सती हो गईं, केवल भाटी और हाड़ी दो रानियों को सरदारों ने सती होने से रोक लिया। सन् 1678 ई० माघ बदी चार के दिन रानी के बेटा पैदा हुआ। दूसरे ही दिन हाड़ी के भी लड़का हुआ। बड़े का नाम अजीत और छोटे का दलथम्भन रखा गया।

औरंगज़ेब ने यह हाल सुना तो रानियों को पेशावर से दिल्ली बुला भेजा। सर्दी लग जाने से दलथम्भन तो राह में ही मर गया। अन्य लोग सकुशल दिल्ली जा पहुँचे

और रूपसिंह उदावत की हवेली में ठहरे। यह दिल्ली में सबसे बड़ी और सरदारों के लिए सुभीते की जगह थी। दूसरे दिन दुर्गादास कर्णोत, महारानियों के आने की सूचना देने के लिए औरंगज़ेब के पास गया। बादशाह ने लोकाचार के बाद कहा—''दुर्गादास! देखो, बेचारा दालथम्भन तो मर ही गया। अब हमें चाहिए कि अजीत का लालन-पालन होशियारी से करें, जिससे बेचारे जसवन्तसिंह का दुनिया में नाम रह जाए, इसलिए यही अच्छा होगा कि अजीत को हमारे पास छोड़ दिया जाए। जैसे जसवन्तसिंह का लड़का, वैसे ही हमारा लड़का। हम उसकी स्वयं देखभाल करेंगे और बड़े होने पर जोधपुर की गद्दी पर उसका राजतिलक कर देंगे।''

दुर्गादास बादशाह की मंशा ताड़ गया; परन्तु बड़ी नरमी से बोला—''जहाँपनाह! इसमें कोई सन्देह नहीं, अजीत की रक्षा और पालन, जैसा यहाँ हो सकता है, और कहीं नहीं हो सकता। आप उसके ऊपर इतनी दया रखते हैं, यह उसका सौभाग्य है, पर अजीत अभी तीन महीने का है, और माता के ही दूध पर उसका जीवन है, इसलिए यह अच्छा होगा कि दूध छूटने पर वह आपकी सेवा में लाया जाए।''

औरंगज़ेब ने दुर्गादास की बात मान ली।

वीर दुर्गादास ने लौटकर महारानी तथा सब राजपूत सरदारों के सामने बादशाह की बातचीत जैसी-की-तैसी कह सुनाई। सुनते ही सरदारों की आँखें लाल हो गईं। दुर्गादास ने कहा—''भाइयों! यह समय क्रोध का नहीं, चतुराई का है। पहले किसी उपाय से राजकुमार को दिल्ली से हटाया जाए। फिर जैसा होगा, देखा जाएगा।''

आनन्ददास खेंची, जो सबसे चतुर सरदार था, सवेरे ही एक सपेरे को लालच देकर लाया और उसकी साँपवाली पिटारी में राजकुमार को छिपाकर दिल्ली से बाहर निकल गया। वहाँ से आबू की घनी पहाड़ियों के बीच से होकर, मारवाड़ के एक डुगबा नाम के गाँव अपने मित्र जयदेव ब्राह्मण के घर पहुँचा। वहीं छिपे-छिपे राजकुमार का लालन-पालन करने लगा। इधर महारानी की गोद में राजकुमार की जगह दूसरा लड़का रख दिया गया।

2

एक वर्ष बीत जाने पर जब औरंगज़ेब ने देखा कि राजपूत, अजीत को सीधे-सीधे नहीं देना चाहते, तो उसने ज़बरदस्ती राजकुमार को लाने के लिए शहर—कोतवाल फौलाद को भेजा। उसने दो हज़ार हथियारबन्द सिपाही लेकर रूपसिंह उदावत की हवेली घेर ली। एकाएक अपने को विपत्ति में पड़ा देख दुर्गादास ने कहा—''भाइयों! राजपूत दूसरों की रक्षा के लिए अपने प्राणों का लालच नहीं करते। हम राजपूत

कहलाकर राजकुमार के समान पाले हुए बालक को अपने हाथों मौत के मुँह में डालना नहीं चाहते।''

महारानी ने कहा–''हमारी चिन्ता मत करो, हमारी लाज रखनेवाली यह कटारी है। मैं कब की मर चुकी होती, यदि यह देखने की लालसा न होती कि राजपूत अपने देश पर किस वीरता से अपने प्राणों को न्योछावर करते हैं।''

रूपसिंह ने बालक की रक्षा का भार अपने ऊपर लिया। रानी ने छाती में कटारी मारकर देह त्याग दी। फिर क्या था! राजपूत वीर निश्चिन्त हो नंगी तलवारें हाथों में ले 'हर-हर महादेव' करते हुए शत्रु-सेना पर टूट पड़े। इतनी बड़ी मुगल-सेना के सामने दो-ढाई सौ आदमी इसके सिवा और कर ही क्या सकते थे। सब-के-सब वहीं लड़ मरे। शाम तक लड़ाई होती रही। मैदान साफ हो गया तो शहर-कोतवाल ने रूपसिंह की हवेली तिल-तिल खोज मारी; परन्तु राजकुमार अजीत का कहीं पता न चला। बेचारे को इतने राजपूतों की हत्या करने पर भी खाली हाथ ही लौटना पड़ा।

झुटपुटा हो ही चुका था। चारों ओर निर्मल आकाश में तारे छिटकने लगे थे। चन्द्रा की शीतल किरणें पृथ्वी पर आ-आकर कराहते हुए घायल वीरों को मानो ढाढ़स दे रही थीं। सर्द हवा के धीमे झकोरों के लगने से घायल वीरों ने आँखें खोलीं और एक-दूसरे के सहारे उठने लगे। इनमें वीर दुर्गादास कर्णोत की दशा दूसरे की अपेक्षा अच्छी थी। चन्द्रमा के प्रकाश में वीर दुर्गादास अपनी ओर से सब राजपूत सरदारों को एक-एक करके देखने लगे। जिस किसी को जीवित पाया, सहारा देकर उठा लाया। ढाई सौ राजपूतों में केवल वीर दुर्गादास जर्णोत, मोहकमसिंह मेडतिया, भोजराक विदावत, रूपसिंह उदावत, महासिंह और दूधोजी चांपावत, इत्यादि गिने-गिने सरदार ही जीवित बचे थे। बूढ़े दूधोजी ने कहा–''भाई, चाँदनी फीकी पड़ चली। रात आधी से अधिक बीत गई। अब यहाँ बैठने में भलाई नहीं है। देह तो छिन्न-भिन्न हो चुकी है। बचे-खुचे प्राणों की रक्षा करें।''

वीर दुर्गादास ने कहा–''अभी ठहरो! हम महारानी का शव लिये बिना यहाँ से जीवित नहीं जाना चाहते। धिक्कार है यदि हमारे जीते-जी ही महारानी का पुनीत शरीर मुगलों के हाथ पड़े।''

उन शब्दों में न जाने क्या जादू था कि जो दूसरे के सहारे भी न खड़े हो सकते थे, वही महारानी की लोथ लेकर सवेरा होते-होते दिल्ली से पाँच-छः कोस दूर निकल गए और आबू की घनी पहाड़ियों में दाह-क्रिया कर दी। आज की रात यहीं काटी। दूसरे दिन जयदेव ब्राह्मण के घर पहुँचे। राजकुमार को सुखी देखकर अपना सारा दुःख भूल गए। दूसरे दिन आनन्ददास खेंची को राजकुमार के लालन-पान के विषय

में सावधान करके एक-दूसरे से गले मिले और विदा होकर, अपने-अपने गाँवों को चल दिए। राह में जितने छोटे-बड़े गाँव मिले, सब में दुर्गादास ने मुगल सिपाहियों के चौकी-थाने बने देखे। जैसे-तैसे छिपते-छिपाते कल्याणगढ़ पहुँचे। जैसे गाय से दिनभर का बिछड़ा बछड़ा मिलता है, वैसे ही दुर्गादास अपनी माता के चरणों पर गिर पड़ा। बूढ़ी माता ने उठाकर छाती से लगा लिया। दोनों ही की आँखों से प्रेम के आँसू बहने लगे।

इसी समय दुर्गादास का पुत्र तेजकरण और छोटा भाई जसकरण भी आ गए। दोनों ही रूपवान् और बलवान् थे। जैसे दुर्गादास अपने देश की भलाई के लिए तन, मन, धन न्योछावर किए बैठा था, वैसे ही जसकरण और तेजकरण भी देश की स्वतन्त्रता के नाम पर बिके हुए थे। बूढ़ी माता भी मुगलों के अत्याचार से दुःखी थी। अपने पुत्रों को देश पर मर मिटने के लिए सदैव उकसाया करती थी। पर जब अपने ही बन्धु देश को बरबाद करने पर तुले बैठे हों, तो कोई क्या करे?

जसवन्तसिंह के बड़े भाई अमरसिंह का लड़का इन्द्रसिंह राज्य के लालच में औरंगज़ेब से मिल गया था। वह चाहता था कि देश से प्रभावशाली राजपूत सरदारों को राह में बिछे हुए काँटों के समान नष्ट कर दे और बे-खटके मारवाड़ पर राज करे। औरंगज़ेब को तो यह उपाय सुझाने की देर थी। उसकी ऐसी इच्छा पहले ही से थी। यह बात उसके मन में बैठ गई। मारवाड़ के मुगल सूबेदार के नाम तुरन्त फरमान जारी कर दिया—सरदारों को गिरफ्तार कर लो! फिर क्या था! गाँव-गाँव भागे हुए सरदारों की खोज होने लगी। कितने ही प्राण-भय से बादशाह से जा मिले। कुछ इधर-उधर छिपे रहे। उनके घर लूट लिये गए, फिर भी न निकले। शोनिंगजी चांपावत ने सरदारों की यह दशा देखी, तो घबरा उठे। ऐसी दशा में महाराज जसवन्तसिंह की दी हुई लोहे की सन्दूकची की रक्षा कैसे करें? इसी चिन्ता में थे कि वीर दुर्गादास की याद आ गई। तुरन्त ही घोड़ा कसा और अरावली पहाड़ी की तलहटी में बसे हुए कल्याणपुर में जा पहुँचे। शोनिंगजी को आते देख दुर्गादास अगवानी के लिए आगे बढ़ा। दोनों प्यार से गले मिले। देश की दशा पर बातें होने लगीं। शोनिंगजी ने कहा–––भाई! यह समय बैठने का नहीं। आलस छोड़ो और हमारे साथ अभी चलो।''

दुर्गादास ने अपनी माता से आज्ञा माँगी और शोनिंगजी के साथ चल पड़े। दिन डूबते-डूबते दोनों आवागढ़ कोट में पहुँचे। दुर्गादास मुगल सिपाहियों को इधर-उधर कोट की चौकसी करते देख भीतर जाने में हिचकिचाया। शोनिंगजी ने धीरे से कहा—''यदि देश की भलाई चाहते हो, तो चले आओ।''

दोनों एक अँधेरी कोठरी में जा पहुँचे। शोनिंगजी भीतर से एक छोटी-सी लोहे की सन्दूकची उठा लाए और दुर्गादास के सामने रखकर बोले—"यह थाती महाराज जसवन्तसिंह ने अपने मरने के दस दिन पहले हमें सौंपी थी, और कहा था—'"जो वीर मारवाड़ को स्वतन्त्र कर जोधपुर की गद्दी पर बैठेगा, यह उपहार उसी को दिया जाए। उसे छोड़, दूसरा कोई भी यह जानने की इच्छा न करे कि इसमें क्या है?" भाई! अब मैं इसकी रक्षा नहीं कर सकता। इसलिए तुम्हें सौपता हूँ और यदि मेरी-सी दशा, ईश्वर न करे, कभी तुम्हारी भी हो, तो ऐसा ही करना, जैसा मैं कर रहा हूँ।"

वीर दुर्गादास सब बातों को ध्यान से सुनता रहा। तब सन्दूकची उठाकर कमरबंद के सहारे कमर में बाँध ली और रामजुहार करता हुआ घोड़े पर सवार हो, सीधी राह छोड़ पगडण्डी पर हो लिया।

3

अँधेरी अटपटी राह पर बेचारा घोड़ा अटक-अटककर चल रहा था। वह अपनी ही टापों की ध्वनि सुनकर, जो पहाड़ियों से टकराकर लौटती थी, चौक पड़ता था। पहर रात जा चुकी थी। धीरे-धीरे चारों ओर चाँदनी छिटकने लगी थी। दूर से कंटालिया गाँव अब धुँआ-सा दिखाई पड़ा था। वीर दुर्गादास देश की दशा पर खीझता चला जा रहा था। अकस्मात् तलवारों की झनझनाहट सुन पड़ी। चौकन्ना हो, अपनी तलवार खींच ली और उसी ओर बढ़ा। देखा कि दो राजपूतों को बाईस मुगल घेरे हुए हैं। क्रोध में आकर मुगलों पर टूट पड़ा। दो-चार मारे गए और दो-चार घायल हुए। मुगलों ने पीठ दिखाई और 'मदद-मदद' चिल्लाने लगे। वीर दुर्गादास ने देखा—दोनों राजपूतों में से एक तो मारा गया है और दूसरा घायल है। दुर्गादास चाहता था कि घायल राजपूत को उठा ले जाए, परन्तु न हो सका। चन्द्रमा के प्रकाश में देखा कि दौड़ते हुए बीस-पच्चीस मुगल चले आ रहे हैं। वीर दुर्गादास ने उनको इतना भी समय न दिया कि वे अपने शत्रु को तो देख लेते। बस दस-ग्यारह को गिरा दिया।

"खून! खून! जोरावर खाँ का खून!" चिल्लाते हुए मुगल पीछे हटे थे।

दुर्गादास ने सोचा, अब यहाँ ठहरना चतुराई नहीं। बस, घायल राजपूत को उठाकर कल्याणपुर की ओर भाग निकला। थोड़ी ही रात रहे घर पहुँचा। बूढ़ी माता दुर्गादास और दूसरे राजपूत को रक्त से नहाया हुआ देख घबरा उठी। तुरन्त ही दोनों की मरहम-पट्टी की गई। थोड़ी देर बाद जब दुर्गादास कुछ स्वस्थ हुआ तो माता ने पूछा—"बेटा, तुम्हारी यह दशा कैसे हुई?"

दुर्गादास ने आपबीती कह सुनाई। माता ने घायल राजपूत को देखा, तो पहचान गई। दुर्गादास से कहा—"क्या तुम इन्हें नहीं पहचानते?"

दुर्गादास के बोलने से पहले ही घायल राजपूत, जो अब सचेत हो चुका था, बोल उठा—"माँ जी, दुर्गादास मुझे पहचानते तो हैं, परन्तु इस समय नहीं पहचान सके, क्योंकि पहले के देखते अब मुझमें अन्तर भी तो है! भैया, मैं आपका चरण-सेवक महासिंह हूँ?" बूढ़ी माँ जी महासिंह पर हाथ फेरती हुई बोलीं—"हाँ, तू तो बहुत दुर्बल हो गया है। बेटा, ऐसी क्या विपत्ति आ पड़ी?"

महासिंह अभी बोला भी न था कि घर का सेवक नाथू दौड़ता हुआ आया और बोला—"महाराज, भागो! हथियारबन्द मुगल सिपाही चिल्लाते चले आ रहे हैं।"

माँ जी ने कहा—"बेटा, कहीं भागकर अपने प्राण बचाओ। मुगल बहुत हैं, तुम अकेले हो और महासिंह घायल है, व्यर्थ प्राण देना चतुराई नहीं।"

दुर्गादास बोले—"माँ जी, तुम सबको संकट में छोड़कर मैं अपने प्राणों की रक्षा करूँ?"

महासिंह ने समझाया—"नहीं भाई, माँ जी का कहना मानो। जिन्दा रहोगे, तभी देश का उद्धार कर सकोगे।"

दुर्गादास ने कहा—"देखो, मुगलों की तलवारों की झनझनाहट सुन पड़ती है। वे तो अब आ पहुँचे। भागने का समय कहाँ रहा? और जाएँ भी तो कहाँ जाएँ?"

नाथू बोला—"महाराज! आप लोग पीछे वाले अन्धे कुएँ में उतर जाएँ।"

माता का हठ पूरा करने के लिए दुर्गादास छिपने को चला; परन्तु कुएँ में पहले महासिंह को उतारा, क्योंकि वह घायल था। फिर शोनिंगजी की सौंपी हुई लोहे की सन्दूकची उतारी। उसके उपरान्त, तेजकरण और जसकरण को उतारा। इतने में मुसलमानों ने किवाड़ तोड़ डाले। दुर्गादास कुएँ में न उतर सका; एक छितरे बरगद के वृक्ष पर चढ़ गया। सिपाहियों ने घर का कोना-कोना ढूँढा, पर दुर्गादास न मिला। एक सिपाही माँजी को पकड़ने को बढ़ा। देखते ही मुहम्मद खाँ ने डपटकर कहा—"खबरदार! बूढ़ी औरत को हाथ न लगाना!" सिपाही अलग जा खड़ा हुआ। मुहम्मद खाँ आप ही माँ जी के सामने गया और बड़ी नर्मी से बोला—"माँ जी! दुर्गादास ने कंटालिया के सरदार शमशेर खाँ के भतीजे जोरावर खाँ को मार डाला है। बादशाह की आज्ञा ऐसे अपराध के लिए सूली है। अपराधी को बचाने अथवा छिपाने का भी यही दण्ड है।"

माँ जी ने कहा—"सरदार! यह तू किससे कह रहा है? मैं दुर्गादास की माँ हूँ। क्या माँ अपने बेटे को अपने हाथों सूली पर चढ़ा देगी? भला मैं बता सकती हूँ

कि दुर्गादास कहाँ है? यदि प्राण का बदला प्राण लेना ही न्याय है, तो दुर्गादास अपराधी नहीं। उसने तो जोरावर खाँ को एक राजपूत के मार डालने के बदले में ही मारा है।''

मुहम्मद खाँ ने कहा–''माँ जी! मुझे यह मालूम न था कि जोरावर खाँ किसी के बदले में मारा गया है। अब मैं जाता हूँ। परन्तु दुर्गादास को सूर्य निकलने के पहले ही किसी अनजाने स्थान में भेज देना, नहीं तो दूसरे सरदार के आने पर बना-बनाया यह काम बिगड़ जाएगा।'' यह कहता हुआ शरीफ मुहम्मद खाँ बाहर निकला और अपने सिपाहियों को किसी दूसरे गाँव में दुर्गादास की खोज करने की आज्ञा दे दी। संकट में कभी-कभी हमें उस तरफ से मदद मिलती है, जिधर हमारा ध्यान भी नहीं होता।

मुगलों के चले जाने के बाद, दुर्गादास वृक्ष से उतर कर माँ जी के पास आया। माँ जी ने मुहम्मद खाँ के बर्ताव की बड़ी सराहना की और दुर्गादास को सूर्योदय से पहले ही घर से निकल जाने को कहा। दुर्गादास राज़ी हो गया। परन्तु जसकरण और तेजकरण को माता की रक्षा के लिए छोड़ जाना चाहा। माँ जी ने कहा–''ना बेटा! मेरे काम के लिए नाथू बहुत है। तू जसकरण और तेजकरण को अपने साथ लेता जा। न जाने कब कौन काम आ पड़े! एक से दो अच्छे हैं।''

दुर्गादास सवेरा होते-होते माँ जी को प्रणाम कर अपने भाई और बेटे को साथ ले घर से निकला। चलते समय नाथू को बुलाकर बोला–''देख, माँ जी के कुशल-समाचार हमको प्रतिदिन पहुँचाया करना .... और मुगलों से सदा सावधान रहना! महासिंह यदि जीवित हो, तो आज ही जैसे बने वैसे माड़ों पहुँचा देना और यदि मर गया हो तो दाह-क्रिया कर देना। और सुन! उस लोहे की सन्दूकची को अपने प्राणों के समान समझना; परन्तु खोलकर यह न देखना कि उसमें क्या है?'' इस प्रकार नाथू को समझा-बुझाकर सूर्योदय के पहले ही अरावली की पहाड़ियों में पहुँच गया।

माँ जी द्वार पर बड़ी देर तक खड़ी रहीं। जब दोनों बेटे और पोता आँख से ओझल हो गए तो घर लौट आईं और ईश्वर से प्रार्थना करने लगीं–''भगवान्! हमारे बेटों को कुशल से रखना।''

नाथू जो अभी बाहर ही था, दौड़ता हुआ आया, बोला–''माँ जी, माँ जी, सामने से कुछ घुड़सवार चले आ रहे हैं।'' नाथू और कुछ न कह सका था कि डेढ़-दो सौ मुसलमान सिपाही घर में घुस आए और माँ जी को पकड़ लिया। नाथू घबरा उठा; अपने लिए नहीं, बूढ़ी माँ जी के लिए। वह यह नहीं देख सकता था कि एक क्षत्राणी

मुगल सिपाहियों के बीच उघाड़ी खड़ी हो; परन्तु क्या करे? चार सिपाहियों ने पहले नाथू को ही पकड़ा। सरदार ने पूछा–''डोकरी! बता, तेरा खूनी लड़का दुर्गादास कहाँ है?''

माँ जी ने कहा–''मैं नहीं जानती। घर खुला पड़ा है। जहाँ हो, खोज लो।''

सरदार ने नर्मी से फिर कहा–''माँ जी, सच-सच बता दो तो मैं दुर्गादास का खून माफ कर दूँगा और हर मुमकिन उसकी मदद भी करूँगा। तुम्हें भी बादशाह से बहुत-सा धन दिला दूँगा; क्योंकि दुर्गादास अपराधी नहीं। अपराधी तो वह राजपूत है, जिसके लिए जोरावर खाँ मारा गया। हमें दुर्गादास से और कुछ न चाहिए। हमें राजपूत का पता बता दो, वह कौन था और कहाँ है? यदि बादशाह को पता न लगा, तो उसके बदले तुम सब मारे जाओगे।''

माँ जी बोलीं–''अच्छा हो, मैं बेटे की रक्षा के लिए मारी जाऊँ। मैं बूढ़ी हूँ, अब दिन भी मरने के समीप ही हैं; परन्तु बेटों की प्राण-रक्षा के लिए मैं विश्वासघात नहीं कर सकती। जिसे आश्रय दिया है, उसे स्वार्थवश निकाल नहीं सकते।''

यह सुनकर शमशेर खाँ जल उठा और तलवार खींचकर माँ जी की ओर दौड़ा। नाथू, जिसे सिपाही पकड़े पास ही खड़े थे, अपनी पूरी शक्ति लगाकर सिपाहियों के बीच से निकला और शमशेर खाँ के वार को रोका, परन्तु घायल होकर गिर पड़ा। दूसरे वार ने वीर माता का काम तमाम कर दिया। राजपूतानी ने कुल-मर्यादा की वेदी पर अपने प्राणों की आहुति दे दी। सरदार को अब भी सन्तोष न हुआ। घर की सम्पत्ति भी लुटवा ली और तब सिपाहियों को लौटने की आज्ञा दी। एक सिपाही वहीं खड़ा रहा। शमशेर खाँ ने पूछा–''क्यों रे खुदाबख्श! तू क्यों खड़ा है?''

खुदाबख्श ने कहा–''मैं तेरे-जैसे ज़ालिमों का कहना नहीं मानता। तू मुसलमान नहीं। अपने धर्म को जाननेवाला मुसलमान कभी ऐसा अत्याचार नहीं कर सकता। कोई भी वीर पुरुष अबला पर हाथ नहीं उठाता। तूने उस बुढ़िया को क्यों मारा? इसने तेरा क्या बिगाड़ा था? तूने उससे कहीं घोर अपराध किया, जो दुर्गादास पर लगाया जा रहा है। बता, दो राजपूतों में से एक घायल हुआ था और दूसरा मारा गया था। उसके मारनेवाले को किसने सूली दी?''

शमशेर खाँ बिगड़कर खुदाबख्त की ओर लपका। खुदाबख्श पहले ही से सावधान था। शमशेर खाँ को पटककर छाती पर चढ़ बैठा। उसकी फरियाद सुननेवाला भी वहाँ कोई न था। सिपाही पहले ही चले गए थे। खुदाबख्श ने एक हाथ से सरदार का गला दबाया और दूसरे हाथ से करौली निकाली। शमशेर खाँ गिड़गिड़ाकर प्राणों की भिक्षा माँगने लगा। खुदाबख्श ने करौली फिर कमर में रख ली और शमशेर खाँ

को छोड़कर बोला–''यह न समझना, मैंने तुझ पर दया की है। मैंने सोचा, वीर दुर्गादास अपनी बूढ़ी माता का बदला किससे लेगा? अपने क्रोध की भभकती हुई आग किसके रक्त से बुझाएगा? बस, इसलिए मैंने अपने हाथ तुम-जैसे पापी के रक्त में नहीं रंगे।'' यह कहकर खुदाबख्श पीछे फिरा, और शमशेर खाँ कंटालिया की ओर भागा।

खुदाबख्श ने जाकर नाथू और माँ जी की लाश देखी कि शायद अब भी कुछ जान बाकी हो। तब तक नाथू चैतन्य हो चुका था, यद्यपि घाव गहरा लगा था।

खुदाबख्श ने नाथू को जीता देख ईश्वर को धन्यवाद दिया और घाव धोकर पट्टी बाँधी। फिर बोला–''मुझसे डरो मत! मैं वह मुसलमान नहीं जो किसी का बुरा चेतूँ। आखिर एक दिन खुदा को मुँह दिखाना है। मेरे लायक जो काम हो, वह बतलाओ। मुझे अपना भाई समझो।''

नाथू बड़ा प्रसन्न हुआ। माँ जी की लोथ एक कोठरी में रखकर दोनों ने मिलकर महासिंह को कुएँ से निकाला। बाहर की वायु लगने से धीरे-धीरे महासिंह भी चैतन्य हो गया। नाथू ने दुर्गादास का वन जाना, मुसलमानों का धावा, माँ जी का मरना और खुदाबख्श की कृति संक्षेप में कह सुनाई। महासिंह की आँखों में जल भर गया। कहने लगा–''नाथू! यह सब-मुझ अभागे के कारण हुआ। अच्छा होता कि मैं वहीं मारा जाता तो अपने आदमियों की यह दशा तो न देखता।''

नाथू बोला–''महाराज, जो होना था, हो लिया। अब आप खुदाबख्श के साथ माड़ों जाइए, और मैं स्वामी के पास जाता हूँ।''

खुदाबख्श ने कहा–''नाथू, हो सके तो मुझे दूसरे कपड़े ला दो जिससे हमें कोई पहचान न सके, नहीं तो हमारी खैरियत नहीं।''

नाथू ने एक जोड़ा कपड़ा और दो घोड़े ला दिए। महासिंह लोहे की संदूकची लेकर खुदाबख्श के साथ माड़ों चल दिया और नाथू अरावली की पहाड़ियों में घूमने लगा। एक तो बूढ़ा, दूसरे घाव, तीसरे पहाड़ियों की चढ़ाई–नाथू एक जगह बैठ गया। सोचने लगा–''परमात्मा! यह दो ही दिन में क्या हो गया? हम जहाँ कल आनन्द करते थे, आज वही राज-भवन श्मशान हो गया। जिसकी धाक सारे मारवाड़ में थी, आज न जाने किस पहाड़ी की गुफा में छिपा पड़ा है। बूढ़ी माँ जी की लाश घर में पड़ी सड़ रही है। हाय! जिसके बेटे का सामना बड़े-बड़े शूरवीर नहीं कर सकते थे, उसकी यह दशा! एक दुष्ट गीदड़ के हाथों मारी जाए! प्रभु, तेरी लीला अद्भुत है। आज ही मेरे स्वमी ने मुझे वृद्धा माँ जी की सेवा सौंपी थी, और मैं आज ही उनके मरने का समाचार लेकर जाता हूँ। हाय! स्वामी के पूछने पर मैं क्या उत्तर दूँगा? कैसे कहूँगा कि वृद्धा माँ जी को दुष्ट शमशेर खाँ ने मेरे जीते-जी मार डाला?

हे प्रभु! यह कहने के पहले ही मैं मर क्यों न जाऊँ? नहीं-नहीं! यदि मर जाता हूँ तो स्वामी को दुष्ट का नाम कौन बताएगा? हाय अभागे नाथू!'' यह सोचते-सोचते वह अचेत हो गया। दुखियों पर दया करनेवाली निद्रा देवी ने उसे अपनी गोद में लिटा लिया और वायु ने अपने कोमल झकोरों से थपककर सुला दिया।

सवेरा हुआ। नाथू उठ बैठा और एक बहते हुए झरने से जल लेकर हाथ-मुँह धोया। ईश्वर की प्रार्थना कर एक ओर चल दिया। दोपहर होते-होते उस पहाड़ी पर पहुँचा, जहाँ दुर्गादास छिपा था। अपना परिचय देने के लिए राजपूती तलवार का बखान करते हुए मारू रागिनी गाई, जिसे सुनकर वीर दुर्गादास गुफा से बाहर निकला। नाथू ने अपने स्वामी को देखा तो दौड़कर चरणों पर गिर पड़ा। दुर्गादास ने पूछा—नाथू! हमारी माँ जी तो कुशल से हैं?''

नाथू ने इस प्रश्न को टालकर कहा—''महाराज! कल ही आपके चले आने के बाद महासिंह जी को कुएँ से निकाला, वे जीवित थे। लोहेवाली पेटी लेकर माड़ों चले गए और (अंगूठी देकर) चलते समय यह अमूल्य अंगूठी देकर कहा—''नाथू, यह अंगूठी अपने स्वामी को देना और कहना कि जिसके द्वारा यह अंगूठी मेरे पास भेजी जाएगी, मैं उसकी आज्ञानुसार अपने प्राण भी दे सकूँगा।'

जसकरण और तेजकरण, दोनों माता के कुशल-समाचार के लिए व्याकुल थे। बोले—''नाथू! और बातें पीछे करना। पहले माँ जी की कुशल कह!''

नाथू सूख गया, आँखों में आँसू भर गए।

दुर्गादास ने घबड़ाकर कहा—''नाथू! ...अरे बोलता क्यों नहीं? क्या हुआ? शीघ्र कह!''

नाथू ने रो-रोकर शोक-वृत्तान्त विस्तार-सहित कह सुनाया और शमशेर खाँ की तलवार आगे फेंक दी।

दुर्गादास की आँखें क्रोध से लाल हो गईं। तलवार हाथ में उठा ली और बोला—''हे सर्वशक्तिमान् जगत के साक्षी! मैं आपके सामने सौगन्ध लेता हूँ, जिस पापी ने हमारी निर्दोष वृद्धा माता को मारा है, उसे इसी तलवार से मारकर जब तक रक्त का बदला न ले लूँगा, जलपान न करूँगा।''

नाथू ने काँपते स्वर में कहा—''हाँ-हाँ, स्वामी! यह क्या करते हैं? मुगल बहुत हैं और आप अकेले, यदि आज ही बदला न मिल सका, तो कब तक आप बिना जलपान के रहेंगे?''

दुर्गादास बोला—''नाथू....नाथू, तू भूलता है। मैं अकेला नहीं, मेरा सत्य, मेरा प्रभु मेरे साथ है। सत्य की सदैव जय होती है। अबला पर हाथ उठानेवाला बहुत

दिन जीवित नहीं रह सकता। ईश्वर ने चाहा, तो आज ही माता के ऋण से उऋण हो जाऊँगा। यदि ऐसा न किया गया, तो एक देश पर प्राण देनेवाली क्षत्राणी की गति कदापि न होगी।''

सूर्य अस्त हो रहा था। अँधेरा बढ़ता जा रहा था। दुर्गादास ने नाथू को अपनी अंगूठी देकर कहा—''तू महासिंह के पास चला जा और मेरी अंगूठी देकर कहना, दुर्गादास अपनी वृद्धा माँ जी का बदला लेने के लिए कंटालिया गए हैं। यदि जीते रहे तो कभी मिलेंगे, नहीं तो उनको अन्तिम राम-राम।'' और उसी क्षण अपने बेटे और अपने भाई को साथ लेकर कंटालिया की ओर चल दिए।

पहर रात बीते पटेलों की बस्ती पहुँचे। रणसिंह लगभग एक सौ राजपूत वीरों को साथ ले वीर दुर्गादास की अगवानी के लिए आया। दुर्गादास राजपूतों को देखकर प्रसन्न हुआ। शमशेर खाँ वाली तलवार ऊँची उठाकर बोला—''भाइयों! यह तलवार दुष्ट शमशेर खाँ कंटालिया के सरदार की है। उसने हमारी पूज्य माता की हत्या करके देश का अपमान किया है। मैंने माँ जी का बदला लेने के लिए सौगन्ध ली है। यदि तुममें राजपूतों का घमण्ड है, यदि तुममें देश के उद्धार की इच्छा है, यदि तुम अपनी निर्दोष वृद्धा माताओं, बहिनों और बेटियों की लाज रखना चाहते हो, तो शत्रुओं से बदला लेने की सौगन्ध उठाओ!''

दुर्गादास के जलते हुए शब्द सुनकर वीर राजपूतों का रक्त उबल उठा और एक-साथ ही सब सरदार बोल उठे—''हम बदला लेंगे! जीते-जी आपकी आज्ञा का पालन करेंगे।'' तुरन्त सबों ने म्यान से तलवारें खींच लीं और दुर्गादास के पीछे-पीछे चल दिए।

आधी रात बीत चुकी थी। जान की बाज़ी खेलनेवालों का दल कंटालिया पहुँचा और किले पर धावा बोल दिया। द्वार बन्द था। उसे तोड़कर सब अन्दर घुसे। जो सामने आया, उसे वहीं ठण्डा कर दिया। हथियारों की झनझनाहट सुनकर शमशेर खाँ चौंक उठा। सामने देखा तो वीर दुर्गादास खड़ा था। दुर्गादास ने कहा—''ओ निर्दोष अबला पर हाथ उठानेवाले पापी शमशेर खाँ, सावधान!''

अपने काल को सामने देख शमशेर खाँ गिड़गिड़ाने लगा।

दुर्गादास ने कहा—''सँभल जा! राजपूत कभी निहत्थे शत्रु पर वार नहीं करते। देख, यह वही तलवार है, जिसने वृद्धा माँ जी का रक्तपान किया है। अभी प्यासी है, अब तेरे रक्त से इसकी प्यास बुझाऊँगा।''

शमशेर खाँ सजग होकर सामने आया। वीर दुर्गादास ने एक ही वार में उसका सिर उड़ा दिया। तब तलवार वहीं फेंक दी और अपने सहायक शूरवीरों को साथ ले कल्याणगढ़ की ओर चल दिया।

दुर्गादास की इच्छा थी कि माँ जी का अग्नि-संस्कार कर दिया जाए। इसलिए कल्याणगढ़ गया भी था, परन्तु मुगल सिपाहियों ने पहले ही दुर्गादास का घर ही नहीं, सारा कल्याणगढ़ ही फूँक दिया था। अपने गाँव की दशा देख, बेचारे की आँख में आँसू भर गए। थोड़ी देर मौन खड़ा रहा। फिर क्रोध में आकर बोला—''भाइयों! जब कोई अपराध न करने पर शत्रुओं ने माँ जी को मार डाला, घर-बार लूट लिया और गाँव जला दिया, तो फिर उससे मेल की क्या आशा की जा सकती है? ऐसे हत्यारों से मेल करके हम मारवाड़ को अपमानित नहीं कर सकते। हमारा धर्म केवल पहाड़ियों में छिपकर जान बचाना ही नहीं है। अब तो गाँव-घर न होने पर मारवाड़ ही हमारा घर है; वृद्धा माँ जी की जगह मारवाड़ की पवित्र भूमि ही हमारी माता है; इसलिए जब तक अपनी माता के संकटों को दूर न कर लूँगा, (म्यान से तलवार निकालकर) तब तक म्यान से निकली हुई तलवार फिर म्यान में न रखूँगा।''

यह प्रण करके वीर दुर्गादास अपने बेटे, भाई और थोड़े-से राजपूतों को साथ ले अरावली पहाड़ की ओर चला गया।

4

वीर दुर्गादास से विदा होकर नाथू दूसरे दिन माड़ों पहुँचा। दुर्गादास का सेवक जानकर द्वारपाल उसे महाराज महासिंह के पास ले गया। महासिंह ने नाथू को आदर के साथ बैठाया और वीर दुर्गादास का सन्देश सुना। थोड़ी देर उदास मन से हाथ पर हाथ धरे बैठे रहे। फिर बोले—''नाथू! बड़े दुःख की बात है कि जिसके लिए दुर्गादास ने मुगलों से वैर किया, वह राजसुख भोगे! धिक्कार है ऐसे जीवन पर! अपने प्राण बचानेवाले की नेकियों का कुछ भी बदला न दे सका। नाथू मैं कल ही तुम्हारे साथ चलूँगा।''

महासिंह की स्त्री तेजोबाई, जो वहीं बैठी-बैठी यह कथा सुन रही थी, बोली—''महाराज! दुर्गादास की सहायता का विचार भूलकर भी न करना! अभी आपके घाव भी अच्छे नहीं हुए और फिर से मुगलों का सामना करने का साहस करने चले! मैं नहीं जानती, आप मुट्ठीभर राजपूत लेकर इतने बड़े मुगल बादशाह का सामना कैसे करेंगे? पतिंगों के समान दीपक में जल मरना कोई चतुराई है? दुर्गादास ने वैर करके क्या लाभ उठाया? परोसी हुई सोने की थाली में लात मारी। जोरावर खाँ को मारकर कौन सुख पाया? यही न कि घर-बार लुटवाया, माँ जी की हत्या कराई और अब जंगलों-पहाड़ों की हवा खाते फिरते हैं? क्या आप भी ऐसे सिरफिरों की सहायता करके राज्य खोना चहाते हैं?''

ये वाक्य महासिंह के कलेजे में तीर की तरह लगे। परन्तु घर में ही फूट न पैदा हो जाए, इसलिए क्रोध न किया। बोला–"तेजोबाई! क्या दुर्गादास सिरफिरा है, जिसने तेरी बेटी की लाज रखी और तेरे सुहाग की रक्षा की? दुर्गादास ने बेटियों की लाज रखी और बहुओं के सुहाग की रक्षा की? दुर्गादास ने अपने लिए नहीं, किन्तु मेरे प्राणों को बचाने के लिए मुगलों से वैर बढ़ाया। यदि जोरावर खाँ मारा न गया होता, तो आज तेरी बेटी लालवा की ईश्वर जाने कौन दशा होती। अरी, समय निकल जाने पर तू ऐसे वीर पुरुष को मूर्ख कहती है? धिक्कार है तुझे और तेरे जन्मदाता को! ब्रह्मा को तुझे क्षत्राणी न बनाना था।"

तेजोबाई राजसुख की भूखी थी, उसे महासिंह की सिखावन कैसे अच्छी लगती? उठकर दूसरी जगह चली गई; और अपने भतीजे मानसिंह को बुलाकर कहा–"बेटा, अपने काका को समझा दो, बैठे-बैठाए दूसरे का झगड़ा अपने सिर न लें। इसमें कोई भलाई नहीं।"

मानसिंह ने कहा–"काकी, यह दूसरे का झगड़ा नहीं। यह अपना ही है। वीर दुर्गादास ने मुगलों से जो वैर बढ़ाया, वह हमारे ही कुल की लाज रखने के लिए। उसमें दुर्गादास का क्या स्वार्थ? दुखियों की सहायता करना राजपूतों का धर्म है। फिर दुर्गादास तो हमारे लिए कष्ट सहता है। यदि उसकी सहायता न की जाए तो काकी, क्या हमारी राजपूती में कलंक न लगेगा? यदि काका का जाना तुम्हें अच्छा न लगता हो, तो मैं चला जाऊँगा।" मानसिंह काकी से विदा हो, महासिंह के पास आया, और बोला–"काकाजी! अभी आपके घाव अच्छे नहीं हुए हैं, इसलिए आप अपने लश्कर का सरदार मुझे बनाकर दुर्गादास की सहायता के लिए जाने की आज्ञा दीजिए।"

मानसिंह अपने भतीजे के साहस पर बड़े प्रसन्न हुए और तीन सौ वीर राजपूतों को बुलाया। महासिंह ने उनके सामने खड़े होकर कहा, "भाइयों! मैं किसी राजपूत को उसकी इच्छा बिना ही अपने स्त्री-पुत्र अथवा स्वार्थ के लिए युद्ध में नहीं भेजूँगा। जिसे अपने प्राणों का मोह हो, अच्छा है कि वह अभी से अपने घर चला जाए। सबल शत्रु के सामने भागकर राजपूतों की हँसाई न करे।"

शूरवीरों ने कहा–"महाराज! देश को स्वतन्त्र किए बिना आगे बढ़ा हुआ पैर अब पीछे नहीं पड़ सकता। मरने पर स्वर्ग, और जीते रहने पर सुख और यश मिलेगा–सब प्रकार से भलाई है।"

मानसिंह वीरों को उत्साहित देख बड़े प्रसन्न हुए। तुरंत तीन सौ की तीन टोलियाँ बनाई। एक टोली रूपसिंह उदावत के साथ भेजी, और दूसरी टोली मोहकमसिंह

मेड़तिया के साथ किसी दूसरे ही मार्ग से भेजी। थोड़े-थोड़े राजपूतों को पृथक्-पृथक् मार्गों से भेजने का कारण था कि इतने हथियारबंद राजपूतों को एक-साथ जाते हुए देखकर मुगलों को सन्देह अवश्य होगा। रोक-टोक में मारकाट तो राजपूतों के लिए अनहोनी बात थी ही नहीं, उसका फल यह होता कि अपने काम में बाधा पड़ती, और दुर्गादास की सहायता करना तो दूर रहा, अपनी रक्षा कठिन होती। इन्हीं अड़चनों से बचाव के लिए दो टोलियाँ पहले भेज दीं, और तीसरी मानसिंह ने अपने साथ ले-जाने के लिए रोक ली।

झुटपुटा हो चला था। मानसिंह तेजवा और लालवा से विदा होकर बाहर आए। चाहते थे कि राजपूतों को चलने की आज्ञा दें, अचानक दक्षिण की ओर देखा तो काले बादलों के समान हवा में उड़ते हुए मुगल सिपाही आ रहे थे। देखते ही मानसिंह खबर देने भीतर गया। इधर मुगलों ने गढ़ी घेर ली। राजपूत लड़ाई के लिए तो सजे खड़े ही थे, भिड़ गए और घमासान मारकाट होने लगी। महासिंह ने कहा–"बेटा मानसिंह! जैसे बने, वैसे लालवा को यहाँ से निकाल ले जाओ। हम केवल कुल में कलंक लगने से ही डरते हैं, मरने से नहीं।" मानसिंह झपटकर लालवा के पास पहुँचा और समझा-बुझाकर उसे सुरंगवाली कोठरी में ले गया।

लालवा बोली–"भाई! वृद्ध नाथू को किसी प्रकार बचाना चाहिए।"

मानसिंह ने लालवा से कहा–"अच्छा बहन! तुम यहीं खड़ी रहो, मैं नाथू को लेने जाता हूँ। यदि मेरे आने में देर हो, तो सीधी चली जाना। थोड़ी ही दूर पर तुमको महेन्द्रनाथ बाबा की गढ़ी मिलेगी। तुम वहाँ बाबा के पास ठहरना, मैं आ जाऊँगा।" मानसिंह एक झरोखे से छिपकर देख रहा था। अचानक तीन सिपाही इधर ही पहुँच गए। मानसिंह ने तुरन्त ही तीनों को यमपुर भेज दिया और वहाँ से हटकर दूसरी ओर चला। यहाँ भी एक मुगल सिपाही दीख पड़ा। मानसिंह उसे मारना ही चाहता था कि किसी ने पीछे से कहा–"नहीं-नहीं, यह खुदाबख्श है।" हाथ रोक लिया। मुड़कर देखा तो नाथू खड़ा था। तुरन्त ही तीनों मिलकर सुरंग में उतरे। लालवा अभी वहीं खड़ी थी। पुकारा–"भाई मानसिंह! क्या नाथू को ले आए?"

नाथू ने कहा–"हाँ बेटी, मैं कुशलता से हूँ और खुदाबख्श को साथ ले आया हूँ।"

लालवा ने चलते-चलते पूछा–"नाथू! हमारे माता-पिता की क्या दशा होगी?"

नाथू ने कहा–"बेटी! मेरे ही सामने पकड़े गए थे। इसके बाद क्या हुआ मैं नहीं जानता। मुझे तो महाराज ने भाग जाने का संकेत किया। मैं उनका अभिप्राय समझकर भागा। बेटी! अपने लिए नहीं, किन्तु लोहेवाली सन्दूकची के लिए।"

खुदाबख्श ने कहा–"बेटी लालवा! अपने पिता-माता की चिन्ता मत करो! मैं मुसलमान हूँ, इसलिए अपने पकड़े जाने का भय तो था ही नहीं। वहीं खड़ा रहा और सबकी सुनता रहा। थोड़ी ही देर में सारा भेद खुल गया। देशद्रोही चन्द्रसिंह ने मँगनी के लिए महाराज को एक पत्र लिखा था। कदाचित् यह बात तुझे न मालूम हो। महाराज उस दुष्ट-स्वभाव से परिचित थे, इसलिए उसकी विनय पर ज़रा भी ध्यान न दिया। उसी बात पर चन्द्रसिंह ऐंठ गया और महाराज को नीचा दिखाने का उपाय सोचने लगा। दैवयोग से किसी प्रकार उसे नाथू का आना और वीर दुर्गादास की सहायता के लिए यहाँ से राजपूतों को भेजा जाना मालूम हो गया। तुरन्त मुगल सरदार इनायत खाँ के पास दौड़ा गया और महाराज को राजद्रोही बताकर माड़ों पर चढ़ाई कर दी। यह सब था तेरे ही लिए; परन्तु ईश्वर की कृपा थी कि तू उस देशद्रोही दुष्ट के हाथ न लगी, नहीं तो आज बड़ी खराबी होती। जब लाख ढूढ़ँने पर भी चन्द्रसिंह ने तेरा पता न पाया, तब तेरे माता-पिता को पकड़कर सोजितगढ़ में रखने का विचार किया। ईश्वर ने चाहा तो दो-तीन दिन में ही वे छूट जाएँगे।"

सुरंग समाप्त हो गई, तो मानसिंह ने आगे बढ़कर सुरंग का मुँह खोला और एक-एक करके सबको बाहर निकाला। गढ़ी में मनुष्यों की आहट पाते ही बाबा महेन्द्रनाथ जी आ पहुँचे। सबों ने उठकर प्रणाम किया। बाबाजी ने आशीर्वाद दिया। बाबाजी ने लालवा की ओर देखा और उसकी पीठ पर हाथ फेरकर बोले–"बेटी! अब किसी बात की चिन्ता न करो। यहाँ आनन्द से रहो, तुम्हारे लिए अभी एक दासी बुलाए देता हूँ। बेटी, यहाँ किसी की सामर्थ्य नहीं कि तुम्हें कष्ट पहुँचा सके।" बाबाजी ने सबको ढाढ़स दिया और सोने के लिए स्थान बताकर दूसरी मढ़ी में चले गए।

डर और चिन्ता में नींद कहाँ? जैसे-तैसे रात कटी,सवेरा हुआ। खुदाबख्श ने जाने की आज्ञा माँगी। बाबा महेन्द्रनाथ ने कहा–"बेटा! ऐसे उतावले क्यों हो रहे हो? चले जाना।"

खुदाबख्श ने कहा–"बाबाजी, मुसलमान हूँ; इसलिए मुझे मुसलमानों को अत्याचार करते देख लाज लगती है। सच्चे ममुसलमान का धर्म नहीं कि दूसरे की माँ-बेटी का सतीत्व नष्ट करें, दुखियों को सताएँ, खुद को बहादुर सिपाही कहलाकर अबलाओं पर हाथ उठाएँ। अब मुझे क्षमा कीजिए और आज्ञा दीजिए। यही इच्छा है कि इस देश से शीघ्र ही चला जाऊँ।" फिर वह मानसिंह से बड़े प्रेम के साथ गले मिला। दोनों ने परस्पर तलवारें बदलीं। खुदाबख्श तब बाबा जी को प्रणाम कर चल दिया। थोड़ी दूर चलकर पीछे मुड़ा और बोला–"भाई मानसिंह! हमारी तलवार से किसी प्राणों की भिक्षा माँगनेवाले कायर को न मारना!"

मानसिंह की आँखों में आँसू आ गए! खड़े-खड़े एकटक इस सच्चे मुसलमान सिपाही की ओर देखते रहे, जब तक आँखों से ओझल न हो गया।

अभी बाबा महेन्द्रनाथ, नाथू, लालवा और मानसिंह बैठे खुदाबख्श ही की बातचीत कर रहे थे कि देखा–कुछ मुगल सिपाही एक राजपूत को बड़ी निर्दयता से मारते हुए लिये जा रहे हैं। बाबाजी से देखा न गया। स्वभाव दयावान् था। दौड़कर पूछा–''भाई, इस बेचारे को क्यों मार रहे हो?''

सिपाहियों ने कहा–''बाबाजी! यह राजद्रोही महासिंह का पक्षपाती है, इसके पास महासिंह की अंगूठी भी है।''

बाबा महेन्द्रनाथ ने कहा–''यह कोई प्रमाण नहीं। थोड़ी देर के लिए मान लो, इसने अंगूठी किसी से छीन ली हो अथवा महासिंह ने ही दे डाली हो, या चुरा लाया हो, तो इस पर महासिंह का पक्षपाती होने का दोष कैसे लग सकता है? तुम्हारे धर्म-ग्रन्थ कुरआन में किसी निर्दोष को मारना महापाप लिखा है। इसलिए इसे अभी छोड़ दो।'

बाबाजी की बातें सरदार को जँच गईं, और राजपूत को छोड़ दिया।

बाबाजी राजपूत को अपनी मढ़ी में ले गए और पूछा–''बेटा, यह मानसिंह की अंगूठी कहाँ से ले आए और कहाँ लिए जा रहे थे?''

राजपूत ने कहा–''स्वामीजी! आपने हमारे प्राण बचाए हैं इसलिए आप पर भरोसा करना तो उचित है ही; परन्तु आप ही प्राण क्यों न ले लें, उस समय तक न बताऊँगा जब तक मुझे यह विश्वास न हो जाएगा कि आप हमारे हितू हैं।''

राजपूत की आवाज नाथू को कुछ पहचानी हुई जान पड़ी। बाहर आया, देखते ही राजपूत को पहचान लिया और बोला–''नाथू! तू यहाँ क्या कर रहा है? महासिंह ने दुर्गादास की सहायता करने का कोई प्रबंध किया या नहीं?''

नाथू अचम्भे में आकर बोला–''क्या सहायता नहीं पहुँची? कल ही दो सौ की दो टोलियाँ भेजी गई हैं।''

राजपूत ने कहा–''नहीं नाथू! अभी कोई नहीं पहुँचा। मुसलमानों ने चारों ओर से घेर लिया है। अब कहीं भोजन का भी ठिकाना नहीं। यदि दो दिन और यों ही बीते तो फिर मारवाड़ सर्वनाश हो जाएगा।''

बाबा महेन्द्रनाथ ने गरजकर कहा–''क्यों निराश होते हो? मारवाड़ स्वतंत्र होगा और वीर दुर्गादास का मनोरथ सफल होगा। पुरुष हो, पुरुषार्थ करो! आज ही रात को अपने काका कल्याणसिंह के पास जाओ और जो कुछ सहायता मिल सके, लेकर अरावली पहुँचो। तुम्हारी जय होगी।''

बाबा महेन्द्रनाथ की आज्ञानुसार मानसिंह और करणसिंह बहन लालवा से विदा हो लगभग आधी रात को कल्याणसिंह के घर पहुँचे। देखा तो चौकीदार भी बेखबर सो रहे थे। जगाया तो एक-एक करके सभी जग पड़े। ठाकुर घबरा उठे। पूछा—"बेटा मानसिंह! कुशल तो है, कैसे आए?"

मानसिंह पैर छूकर बैठ गया और बोला—"काकाजी, क्या आपने माड़ों के समाचार नहीं सुने? दुष्ट चन्द्रसिंह अपने साथ सरदार इनायत खाँ को लाया और गढ़ी लुटवा दी, काका और काकी को पकड़ ले गया। वह सब-कुछ बहन लालवा के लिए था। वीर दुर्गादास ने भी लालवा तथा काका की रक्षा के लिए ही जोरावर खाँ को मारा था, जिसका फल अब भोग रहा है। घर लुटा, गाँव जला, माँ जी की हत्या हुई, अरावली की पहाड़ी में जा छिपा, वहाँ भी सुख नहीं। चारों ओर से मुगलों ने घेर रखा है। इसलिए काका जी, हम चाहते हैं कि ऐसे उपकारी पुरुष की आप ही कुछ सहायता करें।

कल्याणसिंह ने कहा—"बेटा, यह तो सच है; परन्तु हमारा छोटा-सा गाँव है। कहीं औरंगज़ेब को मालूम हो गया तो सत्यानाश कर डालेगा, हम कहीं के न रहेंगे। डर तो यही है।"

मानसिंह ने कहा—"काकाजी! राजपूत कभी इतना डरकर तो नहीं रहे, जितना आप डरे हैं। देश की स्वतन्त्रता पर मर मिटना राजपूतों का धर्म ही है, और यदि आप हिचकते हैं तो आप स्वयं युद्ध के लिए न जाइए, थोड़े-से वीर राजपूत जो आपकी आज्ञा में हों, सहायता के लिए भेज दीजिए। इसमें आप पर किसी प्रकार का दोष नहीं लगाया जा सकता।" मानसिंह के समझाने और हठ करने पर कल्याणसिंह ने साठ राजपूतों को दुर्गादास की सहायता के लिए जाने की आज्ञा दी। मानसिंह दूसरे दिन शाम को साठ राजपूतों को साथ लेकर अरावली की ओर चला।

5

कंटालिया के सरदार शमशेर खाँ के मारे जाने की खबर पाते ही औरंगज़ेब आपे में न रहा; तुरन्त आज्ञा दी—"दुर्गादास को जैसे हो सके, पकड़कर हमारे सामने लाया जाए—जीता हुआ या मरा हुआ, जैसा भी हो!"

दूसरे ही दिन मुगलों ने चारों ओर से अरावली को घेर लिया। पहाड़ी चढ़कर राजपूतों का सामना करने का कोई साहस न करता था, इसलिए भूखों ही मार डालने की सलाह हुई—पहाड़ी पर न किसी को आने दें और न जाने दें। यहाँ तक कि लोथ भी खोलकर देख लेते थे। बेचारे दुर्गादास और उसके साथी राजपूतों को कन्दमूल

भी खाने के लिए मिलना कठिन हो गया। आज तीन उपवास हो चुके थे। दुर्गादास अपने साथी राजपूतों का कष्ट न देख सका। बोला—"भाइयों! आज नाथू को गए चार दिन हुए, परन्तु न आप ही आया और न सहायता के लिए कोई राजपूत ही भेजा। ठीक है, वह किसे भेजता? वह तो मानसिंह के पास भीख माँगने गया था। भाइयों! एक समय था, जब राजपूतों की वीरता संसार में बखानी जाती थी। अभी थोड़े ही दिन हुए—महाराज जसवन्त सिंह के मरने के बाद बीस हज़ार मुगल सिपाहियों पर ढाई सौ राजपूत टूट पड़े थे। आज वही राजपूत मुट्ठी भर मुगलों से डरकर घर से नहीं निकलते। भाइयों! अच्छा होगा कि तुम भी अपने-अपने घर जाओ, मुझे और मेरे अभागे देश को भगवान के भरोसे छोड़ दो। मेरे साथ क्यों भूखे मरोगे? मैं तो जो प्रण कर चुका, वह कर चुका। रहूँगा, तो स्वतन्त्र होकर, नहीं तो भू-माता के लिए लड़कर सदैव के लिए माता की पवित्र गोद में सोया रहूँगा।'

दुर्गादास को उदास देखकर, राजपूतों ने उत्तेजित होकर कहा—"महाराज, जो आपका प्रण, वही हमारा; जहाँ महाराज, वहीं हम। जब तक मारवाड़ स्वतन्त्र न कर लेंगे, जीते जी घर न लौटेंगे।"

भूखों मरते हुए राजपूतों का ऐसा साहस देख वीर दुर्गादास की मुर्झाई हुई आशा-लता एक बार फिर हरी हो गई। मुख पर प्रसन्नता झलक उठी। बोला—"अच्छा तो भूखों मरने से लड़कर ही मरना अच्छा, सहायता मिले या न मिले! चलों, इस पहाड़ी के नीचे उतरें।"

यह रास्ता बड़ा बीहड़ था। मनुष्य तो क्या, पशु भी जाते डरते थे। परन्तु मरता क्या न करता—वही कहावत थी। लोग नीचे उतरने लगे। इतने में दुर्गादास ने 'राम नाम सत्य है' सुना, वहीं ठहर गए। देखा, तो सामने से चार आदमी एक अर्थी ला रहे हैं। उसके पीछे एक आदमी अधजला कंडा और एक हांडी लटकाए है। पीछे-पीछे लगभग सौ आदमी और हैं, और सब-के-सब इधर ही आ रहे हैं।

दुर्गादास को सन्देह हुआ कि शमशान तो उधर है, ये सब हमारी ओर क्यों आ रहे हैं? जब उन आदमियों ने अर्थी वीर दुर्गादास के सामने उतारी और लगे खोलने तो दुर्गादास और भी चकराया। सोचने लगा—हे भगवान! यह बात क्या है? अर्थी खुलते ही एक वीर राजपूत उठकर दुर्गादास के पैरों पर गिर पड़ा। दुर्गादास ने आशीर्वाद देकर पूछा—"भाई, तुम कौन हो? यह सब मैं कौतुक देख रहा हूँ या स्वप्न?"

रूपसिंह उदावत ने, जो पीछे रह गया था, आगे बढ़कर राम-जुहार की और बोला—"महाराज! इस वीर राजपूत का नाम गंभीर सिंह है, आपके पास आने के लिए इधर-उधर विकल घूम रहा था, दैवयोग से यह हमें मिला। हम लोग भी इसी

की भाँति व्याकुल थे। क्या करते? चारों ओर से मुगलों ने पहाड़ी जो घेर रखी है। गंभीर सिंह ने यही उपाय सोचा और ऐसी साँस चढ़ाई कि तीन जगह खोलकर देखने पर भी मुगलों को सन्देह न हुआ। सच पूछिए तो आपकी सहायता पहुँचानेवाला महासिंह नहीं, किन्तु गंभीर सिंह ही है।''

दुर्गादास ने गंभीर सिंह को छाती से लगा लिया और कहा—''बेटा गंभीर सिंह! आज से हमें विश्वास हो गया कि मारवाड़ देश तेरा आजीवन ऋणी रहेगा। तेरी चतुराई, साहस और परिश्रम के बल पर ही मारवाड़ स्वतंत्र होगा।''

रूपसिंह उदावत ने कहा—''महाराज! सूर्य अस्त हो चुका, मार्ग अटपटा है, अँधेरा हो जाने से कष्ट की सम्भावना है, इसलिए जहाँ तक हो सके, शीघ्र ही चलिए। राजपूत भी भूखे हैं और इस मार्ग की रोक पर मुगल भी इने-गिने हैं। बस थोड़ा ही परिश्रम करने पर पौ बारह है।''

वीर दुर्गादास की आज्ञा पाते ही राजपूत पहाड़ी से उतरे और भूखे सिंह के समान मुगलों पर टूट पड़े। क्षण-मात्र में ही वीर राजपूतों ने सैकड़ों मुगलों के सिर धड़ से अलग कर दिए। इतने मुगलों में कोई बेचारा घायल भी न बचा कि अपने सरदार को खबर देता।

वीर दुर्गादास अब निश्चिन्त था। किसी प्रकार की बाधा दिखाई न देती थी। अरावली की पहाड़ियों को पार करके लोग एक मैदान में यह सलाह करने के लिए जमा हुए कि अब क्या करना चाहिए? कहाँ चलना चाहिए?

एकाएक किसी की आवाज ने सबको चौंका दिया—''अरे दुष्ट! मुझे क्यों मारता है? क्यों नष्ट करता है? मैंने तेरा क्या बिगाड़ा है? अरे, रक्षा करो, कोई बचाओ! पापी, अबला पर क्या बल दिखाता है? अच्छा, मुझे भी तलवार दे।''

वीर दुर्गादास उधर ही दौड़ा, जिधर से यह आवाज़ आ रही थी। पीछे-पीछे गंभीरसिंह और जसकरण भी थे। दुर्गादास ने देखा कि एक अबला पर एक पुरुष बलात्कार करना चाहता है। अन्धकार के कारण वह पहचाना न जा सका। डपटकर पूछा—''तू कौन है?''

''मैं क्या कर कहा हूँ, तुझसे प्रयोजन?''

दुर्गादास ने कहा—''क्या सीधे न बताएगा?''

इतना कहना था कि बलात्कारी तलवार खींच सामने आया और चाहता था कि दुर्गादास पर वार करे, इसके पहले ही गंभीरसिंह ने उसका सिर धड़ से अलग कर दिया। दुर्गादास ने स्त्री से पूछा—''बेटी, तुम कौन हो और यह दुष्ट कौन था? इसने तुमको कहा पाया?''

बेटी ने कहा—"पिताजी, मैं माड़ों के राजा महासिंह की बेटी लालवा हूँ और यह पापी चन्द्रसिंह था। अपने किए का फल पा गया।" दुर्गादास ने पीछे किसी की आहट पाई। मुड़कर देखा—जसकरण और गंभीरसिंह दौड़े जा रहे हैं। दुर्गादास हाथ में तलवार लिये लालवा की रक्षा के लिए वहीं खड़ा रहा। थोड़ी देर में गंभीरसिंह और जसकरण हाथों में बागडोर पकड़े पाँच घोड़े ले आए और बोले—"महाराज! इस पापी के तीन साथी और थे। हमने उन्हें देख लिया और पीछा किया। वे घोड़ों पर चढ़कर भागने को थे, परन्तु यह कैसे होता? उन्हें तो मौत खींच लाई थी। वे तो नरक गए और घोड़े आपके लिए छोड़ गए।"

लालवा ने गंभीरसिंह को बोली से पहचाना और पुकारा—"भाई गंभीरसिंह! क्या आपत्ति में आप भी हमको नहीं पहचानते?"

गंभीरसिंह ने कहा—"कौन लालवा! अरी, तू यहाँ पापियों में कैसे आ फँसी?"

लालवा ने कहा—"माता तेजबा के कारण! भाई, तेजबा में क्षत्राणी की कुछ भी ऐंठ नहीं। वह सदैव राजसुख की भूखी रहती है। कदाचित् पापी चन्द्रसिंह ने किसी प्रकार लालच देकर तेजबा को फँसाया कि लालवा मेरी अँगूठी पाकर अवश्य ही अँगूठी देनेवाले के साथ चली जाएगी।"

गंभीरसिंह ने कहा—"बहन लालवा! यह कैसे विश्वास किया जाए? संभव है तेजबा और काका महासिंह को पकड़ लिया गया हो और यह भी हो सकता है कि अँगूठी उतार ली हो!"

लालवा ने कहा—"नहीं! मान लिया जाए कि चन्द्रसिंह ने अँगूठी छीन ली थी, तो हमारा पता कैसे पाया कि मैं सुरंग से बाबा महेन्द्रनाथ की गढ़ी में पहुँची, और वहीं रही। भाई, ऐसे तर्कों से मुझे विश्वास हो गया कि तेजबा के सिवाय दूसरे ने कपट नहीं किया।"

गंभीर बोला—"अच्छा लालवा, यह तो बता कि जब तू चन्द्रसिंह को पहचानती थी, और उसके स्वभाव से परिचित थी, तब उसके मायाजाल में क्यों फँसी?"

लालवा बोली—"भाई, तेजबा की अँगूठी ले-जानेवाला कोई दूसरा ही राजपूत था। उसने जाकर कहा कि तेजबा ने लालवा को बुलवाया है, क्योंकि महासिंह बहुत दुःखी हैं और यही चाहते हैं कि लालवा उनकी आँखों के सामने रहे। मैं मोह में अन्धी हो गई। विश्वास के लिए अँगूठी थी ही। बस, बाबा महेन्द्रनाथ से विदा हो, इस पापी के साथ चल दी। इसके बाद इस विपत्ति में आ फँसी। ईश्वर ने पापियों की इच्छा पूरी होने के पहले ही रक्षा के लिए आपको भेज दिया।"

वीर दुर्गादास ने उसे धैर्य दिलाते हुए कहा—"बेटी! अब मैं तुझे ऐसे अच्छे और

सुरक्षित स्थान में रखूँगा, जहाँ किसी प्रकार की शंका न होगी।''

लालवा ने कहा–''नहीं, अब मैं कहीं भी अकेली नहीं रहना चाहती। यदि आप मेरी रक्षा करना चाहते हो तो अपने साथ रहने दें। मैं भी अब सिपाहियों के भेष में रहूँगी; यथाशक्ति आपकी सहायता करूँगी। मुझे इससे अच्छा अब अपनी रक्षा का उपाय नहीं सूझता।''

दुर्गादास एक बालिका में इतना साहस देख बड़ा प्रसन्न हुआ और उसे अपने साथ रखना स्वीकार कर लिया! गंभीरसिंह ने चंद्रसिंह के कपड़े उतार दिए और लालवा तुरन्त ही एक वीर राजपूत बन गई। हाथ में तलवार पकड़ी और घोड़े पर सवार हो दुर्गादास के पीछे-पीछे चल दी।

थोड़ी दूर चलने पर किसी के आने की आहट मिली। गंभीरसिंह बड़ा साहसी था। तुरन्त ही आगे बढ़ा। देखा कि लगभग पचास-साठ मनुष्य इधर ही चले आ रहे हैं। अब चन्द्रमा का प्रकाश भी हो चला था। देखने से राजपूत ही जान पड़ते थे। पास आते ही गंभीरसिंह ने पूछा–''कौन?''

किसी ने इसके उत्तर में कहा–''तुम कौन?''

गंभीरसिंह इस आवाज को पहचानता था। घोड़े से उतर पड़ा। बोला–''भाई मानसिंह! मैं हूँ गंभीरसिंह।'' और मानसिंह का हाथ पकड़े हुए उसे दुर्गादास के सामने ला खड़ा किया।

दुर्गादास ने मानसिंह को बड़े प्रेम से गले लगाया। उसने लालवा की ओर देखा, परन्तु पहचान न सका। पूछा–''भाई जसकरण! यह राजपूत कौन है?''

जसकरण के कुछ कहने के पहले ही लालवा ने कहा–''भाई मानसिंह, मैं हूँ आपकी बहन लालवा।''

मानसिंह लालवा की ओर बड़े आश्चर्य से एकटक देखता रहा। फिर पूछा–''बहन लालवा, तू यहाँ कैसे आई?''

लालवा ने आदि से लेकर अन्त तक सारी बातें फिर दुहरा दीं।

मानसिंह ने कहा–''जो ईश्वर करता है, अच्छा ही करता है। बहन, हमने तो तुम्हारी रक्षा का उचित प्रबन्ध किया था, परन्तु भाग्य का लिखा कैसे मिट सकता है?''

जब ये लोग लश्कर में पहुँचे तो देखा कि मोहकमसिंह मेड़तिया भी उपस्थित हैं। अब तो वीरों की संख्या बहुत हो गई। मालूम होता है, मारवाड़ के भाग्य उदय हुए। दुर्गादास आशा-लता को फूलते देख बड़ा ही प्रसन्न हुआ। मोहकमसिंह से गले मिलकर बैठ गया और सलाह करने लगा। सोजितगढ़ पर चढ़ाई करने की राय ठहरी,

क्योंकि महासिंह का छुड़ाना और सोजितगढ़ का अपनाना, एक पन्थ दो काज था। दुर्गादास ने वीर राजपूतों को उसी जंगल में विश्राम करने की आज्ञा दी, क्योंकि रात आधी से अधिक बीत चुकी थी। सोजितगढ़ पहुँचने का समय न था। चढ़ाई करने की घात रात ही में थी। दिन में मुट्ठी-भर राजपूत थे ही क्या, जो सोजितगढ़ में मुगल सिपाहियों का सामना करते। इसलिए रात वहीं काटी, दूसरे दिन जंगलों में छिपते-छिपाते पहर रात बीते सोजितगढ़ की चौहद्दी पर पहुँचे और धावा करने के समय की प्रतीक्षा करने लगे।

गंभीरसिंह बड़ा जोशीला था। देश के लिए अपने प्राण हथेली पर लिये फिरता था। दुर्गादास से बिना पूछे-पाछे गढ़ी की टोह लेने चल दिया और बारह बजने के पहले ही लौट आया। गढ़ पर जय पाने के उपाय जो कुछ सोचे थे और जो कुछ देखा था, दुर्गादास से कह सुनाया। सबने गंभीरसिंह की बुद्धि की बड़ी बड़ाई की और उसके कहे अनुसार अपने राजपूत वीरों को फाटक के आसपास लगा दिया। रूपसिंह, जसकरणसिंह, मानसिंह और तेजकरण–ये चारों गंभीरसिंह के साथ, गढ़ी की पिछली दीवार के ऊपर चढ़ गए।

गंभीरसिंह ने उन चारों को तो फाटक के ऊपरवाली छत पर छिपा दिया और आप दक्खिन की ओर चला गया। कमर से चकमक निकालकर छप्पर में आग लगा दी। अब तो जिसे देखो, वही आग बुझाने दौड़ा चला जाता है। घात पाकर चारों राजपूत कूद पड़े और गढ़ी का फाटक खोल दिया। फिर क्या था! दुर्गादास राजपूत वीरों को लेकर घुस पड़ा और लगी मारकाट होने। एकाएकी धावे ने मुगलों के पैर उखाड़ दिए। जलती आग में कौन प्राण देता है। भाग खड़े हुए। बहुतों ने हथियार छोड़ वीर दुर्गादास की शरण ली। हथियार छोड़े हुए वैरी पर सच्चे राजपूत कभी वार नहीं करते। अस्तु, मारकाट बन्द हो गई। मानसिंह ने इनायत खाँ का पता लगाया। मालूम हुआ, वह पहले ही प्राण ले भागा।

गंभीरसिंह ने बादशाही झंडा उखाड़ फेंका और अपना राजपूती पचरंगा झंडा गढ़ पर फहरा दिया। जसकरण, तेजकरण तथा रूपसिंह को गढ़ की चौकसी सौंप दुर्गादास, मानसिंह और लालवा महाराज महासिंह के पास पहुँचे। देखा, महाराज एक पलँग पर पड़े-पड़े अपने दाँतों से होंठ चबा रहे हैं, और न जाने मन-ही-मन क्या सोच रहे हैं। अभी घाव भी नहीं भरे थे। कराहते हुए जो करवट बदली तो सामने इन तीनों को देखा। बोले–''हाय! क्या तुम भी पकड़े गए? बेटा मानसिंह! बेचारी लालवा कहाँ होगी? पापी चन्द्रसिंह तो उसके पीछे ही पड़ा है। हमारा तो सर्वनाश ही हो गया। हाय! मृत्यु भी रूठ गई।''

मानसिंह ने कहा—"काकाजी, पापी चन्द्रसिंह तो यमपुर पहुँच गया और लालवा यह खड़ी है। हम लोग बन्दी होकर नहीं आए हैं। वीर दुर्गादास ने माड़ों का ही नहीं, सोजितगढ़ का भी राजा बना दिया। पापी इनायत खाँ कहीं भाग गया। अब गढ़ी पर राजपूती झंडा फहरा रहा है।"

महासिंह को तो कदाचित् ही कभी पहले ऐसे प्यारे शब्दों को सुनने का अवसर मिला हो, खुशी से फूला न समाया। हृदय धड़कने लगा। तुरन्त पलँग से उठकर वीर दुर्गादास को गले लगा लिया। फिर मानसिंह और लालवा को प्यार से छाती से लगाया। तेजबा, जो इस समय दूसरे कमरे में थी, बाहर आदमियों की बोलचाल सुनकर अपने कमरे के द्वार पर आ खड़ी हुई और बातचीत सुनने लगी। लालवा का नाम सुनते ही चौंकी, छाती धड़कने लगी, अपनी करतूत पर आप ही पछताने और लजाने लगी। मानसिंह ने लालवा की एक-एक बात महासिंह से कह सुनाई। महासिंह थोड़ी देर चुप बैठा रहा। न जाने क्या-क्या सोच गया! फिर लालवा को तेजबा के पास भेज दिया। रात एक पहर से कम रह गई थी। वीर दुर्गादास ने सब थके हुए राजपूतों को विश्राम करने की आज्ञा दी। शेष रात आनन्द से कटी।

सवेरा हुआ। सोजितगढ़ के आस-पास के गाँवों के रहनेवाले राजपूतों ने जब सोजितगढ़ पर राजपूती झंडा फहराते देखा, तो बड़े आश्चर्य में आए और पता लगाने लगे। अब उन्हें अपनी विजय का विश्वास हुआ और झुण्ड-के-झुण्ड सोजितगढ़ आने लगे। जितने राजपूत सरदार दिल्ली की लड़ाई से बच आए थे, धीरे-धीरे सभी अपनी-अपनी सेना लेकर वीर दुर्गादास की सहायता के लिए इकट्ठे हो गए। अब सोजितगढ़ में चारों ओर हथियारबन्द राजपूत सेना ही दिखाई पड़ने लगी। जिसे देखिए वह मारू राग ही गाता था और अकेले ही दिल्ली पर जय पाने का साहस दिखाता था। वीर दुर्गादास ने राजपूतों को ऐसा उत्साही देख ईश्वर को धन्यवाद दिया और जोधपुर पर चढ़ाई करना निश्चित किया। सब सरदारों ने हाँ-में-हाँ मिलाई।

जब यह बात तेजबा को मालूम हुई तो झीखने लगी। मानसिंह को अपने पास बुलाकर कहा—"बेटा! हमारा संदेश दुर्गादास को सुनाओं और कहो, यह कौन-सी चतुराई है कि जीतकर भी हार लेने चले हैं? इन लोगों को नाले से निकालकर अब समुद्र में डालना चहाते हैं? आप तो सोजितगढ़ छोड़कर जोधपुर युद्ध करने जाते हो, हमारी रक्षा कैसे होगी? यदि दुर्गादास ऐसा करना ही चाहते हैं, तो हमें हमारे पीहर भेज दें और आप जो चाहें करें।"

मानसिंह ने कहा—"काकी, यह कौन कहता है कि तुम्हें अकेले ही सोजितगढ़ में छोड़ दिया जाएगा? यहाँ गढ़ी की रक्षा के लिए एक हज़ार सेना रखी जाएगी और

वीर रूपसिंह उदावत सेनानायक रहेंगे; क्योंकि अभी वे लड़ाई के योग्य नहीं हैं, यद्यपि घाव सूख गए हैं।''

मानसिंह ने बहुत-कुछ समझाया, परन्तु तेजबा ने अपना हठ न छोड़ा। विवश होकर मानसिंह को वीर दुर्गादास से कहना ही पड़ा।

दुर्गादास ने कहा—अच्छा ही है। चलो पहले इसी काम से निपट लें। दूसरे दिन सूर्य उदय होते-होते दुर्गादास, महासिंह, जसकरण, तेजकरण, मानसिंह और गंभीरसिंह अपने-अपने घोड़ों पर सवार हो तेजबा के डोले के पीछे-पीछे चल पड़े। रूपसिंह ने थोड़ी-सी सेना भी सेना भी साथ जाने के लिए सजाई थी; परन्तु दुर्गादास ने उसमें से केवल पच्चीस विश्वासी वीरों को अपने साथ लिया, शेष सबको सोजितगढ़ में ही रहने की आज्ञा दी। कहार बड़े ही तेज़ थे। राह में केवल एक घने वृक्ष की छाया में थोड़ी देर विश्राम किया और जलपान कर थोड़ा दिन रहते-रहते तेजबा को उसके पीहर पहुँचा दिया। तेजबा का भाई पृथ्वीसिंह गढ़ी के फाटक पर ही मिला।

वह महासिंह इत्यादि को देख घबरा उठा। पूछा—''जीजाजी कुशल से तो हैं?''

महासिंह ने पृथ्वीसिंह को सन्तोष देने के लिए संक्षेप में बताया और फिर दुर्गादास को अपना प्राणरक्षक कहकर बड़ी प्रशंसा की। पृथ्वीसिंह ने बड़े प्रेम से वीर दुर्गादास को गले लगाया, और सबको आदर के साथ ले-जाकर चौपाल में बिठाया। थोड़ी देर इधर-उधर की बातें होती रहीं। किसी ने गंभीरसिंह की चतुरता की बड़ाई की, तो किसी ने जसकरण की वीरता की।

धरती की परिक्रमा करते हुए जब पश्चिम में सूर्य भगवान् अस्त हुए तो पूर्व में चन्द्रमा उदित हुआ। चारों ओर रुपहली चादर बिछ गई। महासिंह और दुर्गादास एकान्त में बैठकर जोधपुर पर चढ़ाई करने के उपाय सोचने लगे। इतने में एक द्वारपाल ने आकर देसुरी से आए हुए धावन की सूचना दी। वीर दुर्गादास ने उसे अन्दर बुला लिया। देखा तो गुलाबसिंह था। दुर्गादास ने पूछा—''क्यों गुलाबसिंह, क्या समाचार लाए?''

गुलाबसिंह ने कहा—''महाराज! आपके सोजितगढ़ फतह करने की खबर जब देसुरी में आई, तब ऐसा कोई राजपूत का घर न था, जहाँ आनन्द-बधाई न बजी हो; परन्तु सरदार इनायत खाँ न जाने कैसे वहाँ पहुँच गया। यह उत्सव देखकर जल उठा। सब सिरमौर राजपूतों को अपने दरबार में बुला भेजा। किसी कारण आपके ससुर ठाकुर नाहरसिंह और हमारे पिता को देर हो गई। इनायत खाँ ने और सब दरबारियों को बहुत तरह की धमकी देकर विदा किया, परन्तु इन दोनों को थोड़ी देर ठहरने को कहा। दोनों ठहर गए। सरल स्वभाव वीर पुरुष भला यह क्या जानते

थे कि छली इनायत आपका वैर उन बेचारों से लेना चाहता है? जब इनायत खाँ ने देखा कि सब राजपूत चले गए, तो उन बेचारों पर बलवा का अपराध लगाया और उनके सिर कटवा लिये। मैंने जब यह समाचार सुना तो तुरन्त सोजितगढ़ दौड़ गया। वहाँ मालूम हुआ, आप वालू में हैं। उलटे पैरों यहाँ भागता आया। ईश्वर की कृपा थी कि आपसे भेंट हो गई। अब आप जो उचित समझे करें।''

देसुरी के समाचार सुनकर वीर दुर्गादास मारे क्रोध के काँपने लगे और बोले—''जसकरण! तुम अभी जाओ और सोजितगढ़ से अपना लश्कर लेकर बारह बजे के पहले देसुरी पहुँचो। मैं दुष्ट इनायत को आज ही यमपुरी भेजूँगा।''

गुलाबसिंह ने कहा—''महाराज! ठाकुर रूपसिंह उदावत ने जिस समय देसुरी की खबर सुनी थी, उसी समय उन्होंने लगभग एक हज़ार वीरों को आपकी सहायता के लिए वालू भेजा है। कदाचित् वे सब आ भी गए हैं।''

वीर दुर्गादास जैसे ही द्वार पर आए, राजपूतों के जय-जयकार के शब्द से आकाश गूँज उठा—''मरुदेश स्वतन्त्र हो! वीर दुर्गादास की जय हो!''

वीर दुर्गादास सब को यथोचित सम्मान दे, घोड़े पर सवार हो लश्कर के आगे-आगे चले। पीछे जसकरण, तेजकरण, मानसिंह तथा गंभीरसिंह इत्यादि चले। जब गाँव थोड़ी दूर रह गया तो दुर्गादास ने अपने वीरों को दबे पाँव चलने की आज्ञा दी, जिससे किसी को कानों-कान खबर न हो और पापी इनायत का घर घेर सकें। वीरों ने वैसा ही किया। दूसरे तो क्या सुनते, अपनी चाप आप ही न सुन सकते थे। चारों ओर सन्नाटा छा गया। अब धीर-धीरे लश्कर गाँव में पहुँच गया। एकाएक दुर्गादास ने किसी के रोने की आवाज़ सुनी। मानसिंह को आगे बढ़ने की आज्ञा दे, आप उस ओर चले, जिधर से रोने की आवाज़ आ रही थी। घर का द्वार खुला था, भीतर चला गया। देखा तो सामने एक मुरदा पड़ा था और सिरहाने एक बुढ़िया सिर पीट-पीटकर रो रही थी। दुर्गादास को देखते ही वह फूट-फूटकर रोने लगी। दुर्गादास ने बुढ़िया से रोन का कारण पूछा। बुढ़िया ने कहा—''बेटा, मैं तेरी स्त्री की धाय हूँ। छुटपन में मैंने जो दूध पिलाया है, आज उसके बदले में तुमसे अपने स्वामी का बदला मुगलों से लेना माँगती हूँ।''

वीर दुर्गादास ने बुढ़िया के सामने मुगलों से बदला लेने का प्रण किया और वहीं चिता बनाकर मुरदे का अग्निसंस्कार कर दिया। तब एक जलता हुआ चैला चिता से निकाल, इनायत के घर की ओर चल दिया। रास्ते में गंभीर सिंह मिला। दुर्गादास के हाथ में एक परचा देकर बोला—''महाराज, यह किले की सामनेवाली दीवार में चिपका हुआ था। मैं इसे आप को दिखाने के लिए उखाड़ लाया हूँ। देखिए

इसकी एक तरफ उन राजपूतों के नाम हैं जो मारे जा चुके हैं और दूसरी तरफ उनके नाम हैं जो पकड़े गए हैं और जिन्हें अब फाँसी की आज्ञा होगी। महाराज, अब मुझसे रहा नहीं जाता। देखिए, इस सूची में हमारे वृद्ध पिता केसरीसिंह का भी नाम है। यद्यपि सभी राठौर हमारे लिए पिता के समान हैं और कारागार में दशा भी सबकी एक-सी है, तथापि मैं अपने पिता के दुःख को औरों की अपेक्षा अधिक समझता हूँ, क्योंकि मैं अपने पिता की इच्छा के विरुद्ध देश-सेवा के लिए एक वर्ष से अधिक हुआ, घर से निकला था और अभी तक उनके पास नहीं गया। कुटुम्ब की देखभाल के लिए मैं या मेरे पिताजी ही थे, इसलिए पहले तो पिताजी को मेरी ही चिन्ता थी, अब अपनी और कुटुम्ब की भी हो गई।''

दुर्गादास ने कहा—''बेटा, धैर्य धरो! जिस ईश्वर ने सोजितगढ़ सर कराया है, वही देसुरी पर भी विजय दिलाएगा। केवल तुम्हारे पिता को ही नहीं, पूरे मारवाड़ देश को मुगलों से मुक्त कराएगा। चलो, इनायत को आज ही उसके कर्मों का प्रतिफल दें।''

यह कहकर दुर्गादास किले की पिछली दीवार के पास पहुँचा। मालूम हुआ कि राजपूतों ने फाटक तोड़ डाला है और गढ़ी में घुस गए हैं, तो गंभीर सिंह भी उसी तरफ लपका। शामत का मारा इनायत फाटक पर ही मिल गया। चाहता तो था कि कहीं प्राण लेकर भाग जाए, परन्तु होनी कहाँ टल सकती है? गंभीर सिंह के पहले ही वार से अधमरा हो गया, उस पर वीर दुर्गादास ने जलता हुआ चैला उसके मुँह में घुसेड़ दिया। इनायत के प्राण-पखेरू उड़ गए। अब था कौन जो मुगल-सेना को उत्साह दिलाता? आधी मुगल-सेना को वीर राजपूतों ने तलवार के घाट उतार दिया। बचे-बचाए वीर दुर्गादास की शरण में आए। वीर राजपूतों ने सबको प्राणदान दे दिया। मानसिंह और गंभीर सिंह दौड़ते हुए कारागार की ओर गए। शमशेर खाँ ने, जो वहाँ का मुखिया था, इन दोनों को आते देख, बिना कहे ही द्वार खोल दिया। गंभीर सिंह ने अपने पिता को देखा तो उनके पैरों पर गिर पड़ा। केसरीसिंह ने साल भर के बिछड़े हुए बेटे को प्रेम से छाती से लगा लिया और आनन्द के आँसुओं से उसका मुँह धो दिया। दोनों का गला रूँध गया था। किसी के मुँह से थोड़ी देर तक शब्द भी न निकला। एक-दूसरे को एकटक देखते रहे। अन्त में केसरीसिंह ने अपने को बहुत-संभाला परन्तु फिर भी आँसू न थमे। रोते हुए बोले-बेटा गंभीर। तुम्हारे छिपकर भाग जाने के बाद मुझे केवल यही सन्देह था कि न जाने तुम कुशल से हो या नहीं। इसलिए इतना दुख न था परन्तु आज तुम्हें अपनी आँखों से अपने ही समान दशा में देख दारूण दुख होता है। अपना कुछ बस नहीं।''

गंभीर सिंह मुस्कराकर बोला–''पिताजी! अब न तो मैं कारागार में हूँ और न आप। ईश्वर ने आपकी प्रार्थना स्वीकार कर ली है। मारवाड़ को अब आप शीघ्र ही पहली दशा में देखिएगा। वीर दुर्गादास ने अपने बाहुबल से सोजितगढ़ जीतकर, आज देसुरी पर छापा मारा और इनायत को उसके पापों का पूरा-पूरा फल दिया। आज इस किले पर भी राजूपती झंडा फहरा रहा है।''

केसरीसिंह के लिए इससे अधिक आनन्द की और कौन बात होती? आनन्द से फूल उठा, रोमांच हो आया; गंभीर को फिर छाती से लगा लिया और उतावला होकर वीर दुर्गादास से मिलने के लिए चल दिया।

इधर मानसिंह ने अन्य सब राजपूत बन्दियों को बड़े मान और आदर के साथ कारागार से बाहर निकाला। जय-ध्वनि आकाश में गूँजने लगी। चारों तरफ से सब राजपूतों ने दुर्गादास को घेर लिया। दुर्गादास बड़ी नम्रता के साथ हर-एक का यथोचित सम्मान करता हुआ प्रेम से गले मिला। सूर्य भगवान् भी आनन्द लूटने के लिए उदयाचल से चल पड़े। सवेरा होते ही देसुरी के किले पर राजपूतों का झंडा उड़ते देखकर छोटे-बड़े सब राजपूत गाते-बजाते खुशी मनाते हुए वीर दुर्गादास से मिलने के लिए आ पहुँचे। इस समय राजपूतों में निराला जोश था। कायर भी तलवार खींचकर मारवाड़ को स्वतन्त्र करने के लिए सौगंध खाता था। आज देसुरी का ऐसा कोई भी राजपूत न होगा, जिससे दुर्गादास विनयपूर्वक न मिला हो। अब दिन लगभग एक पहर ढल चुका था। दुर्गादास सबसे मिल-भेंटकर अपने ससुराल चला गया और यथायोग्य अपने आत्मीयों से मिला, भोजन किया, और शाम होने के पहले ही किले में लौट आया।

देसुरी के सरदार सरतानसिंह, केसरीसिंह इत्यादि एकान्त में बैठकर विचार करने लगे कि मुगल बादशाह का किस प्रकार सामना किया जाए और मारवाड़ में शान्ति किस प्रकार स्थापित की जाए। उसी समय एक धावन वीर दुर्गादास के नाम पत्र लेकर पहुँचा। दुर्गादास ने पत्र लेकर गंभीरसिंह को बाँचकर सुनाने के लिए दे दिया। गंभीरसिंह पढ़ने लगा–

''दयालु दुर्गादास! आपके देसुरी चले जाने के बाद मुगलों ने घात पाकर वालीगढ़ पर धावा बोला। यहाँ कोई बड़ी सेना तो थी ही नहीं और जो कुछ भी थी, वह सजग न थी। मामाजी अपने को मुगलों का सामना करने में असमर्थ समझ प्राण बचाने को भागे। मुगलों ने गढ़ लूटा, और हम तीनों हतभागियों को पकड़कर जोधपुर लाए। यहाँ पर पिताजी पर राजद्रोह का अपराध लगाया, और प्राणदण्ड की आज्ञा हुई। अब यदि दो दिन के अन्दर, हम लोगों का इस विपत्ति से छुटकारा न हुआ, तो मारवाड़

का स्वतन्त्र होना, न होना हमारे लिए समान है। इति।

आपकी कृपाभिलाषिणी,

µ**लालवा**

पत्र सुनते ही वीर दुर्गादास के आग-सी लग गई। पास बैठे हुए सरदारों की भी त्योरियाँ चढ़ी। मानसिंह तथा गंभीरसिंह का तो कहना ही क्या! नवीन रक्त थोड़ी-सी भी आँच से उबल पड़ता है। तमतमा उठे, देसुरी के सरदार ने लगभग अट्ठारह हज़ार राजपूत-सेना इकट्ठी कर दी। तुरन्त ही वीर दुर्गादास ने एक हज़ार वालीगढ़ की रक्षा के लिए भेज दी। दो हज़ार सेना देसुरी में छोड़ी। पंद्रह हज़ार अपने साथ जोधपुर ले-जाने के लिए तैयार कराई। हालाँकि पंद्रह हज़ार तो क्या, पच्चीस हज़ार राजपूत-सेना भी जोधपुर पर चढ़ाई करने के लिए, मुगलों के सामने मुट्ठीभर ही थी, परन्तु यहाँ तो सत्य का पक्ष था! पुरुषार्थ पुरुष करता है, तो सहायता ईश्वर करता है—यही भरोसा और विश्वास था।

रात एक पहर व्यतीत हो चुकी थी। गंभीर सिंह वीर दुर्गादास के पास आया और बोला—''महाराज, सेना तैयार है, कूच की आज्ञा दीजिए।''

इतने में कहीं दूर से डंके की आवाज सुनाई दी। दुर्गादास चौकन्ना-सा गढ़ के बाहर आया। अब तो डंके की चोट के साथ-साथ जय-ध्वनि भी सुनाई पड़ने लगी—'महाराज राजसिंह की जय! अजीत सिंह की जय! मारवाड़ की जय!' वीर दुर्गादास का मन-मयूर घटाटोप सिसौदी सैन्य देखकर नाचने लगा। समझ गया कि उदयपुर के महाराज ने मेरे पत्र के उत्तर में यह सेना भेजी है। अगवानी के लिए आगे बढ़ा। राणा राजसिंह का ज्येष्ठ पुत्र जयसिंह वीर दुर्गादास को आते देखकर घोड़े से उतर पड़ा और प्रेम से गले मिला। कुशल-प्रश्न के बाद दुर्गादास ने कहा—''ठाकुर साहब! यदि थोड़ी देर आप और न आते, तो हमारा लश्कर जोधपुर के लिए कूच कर चुका था।''

जयसिंह ने कहा—''क्यों? हमारा तो मन था कि पहले अजमेर पर छापा मारा जाए, परन्तु आपने क्या सोचकर मुट्ठी-भर राजपूतों के साथ जोधपुर पर धावा करने का विचार किया?''

दुर्गादास ने कहा—''भाई जयसिंह! मैं जोधपुर जाने के लिए विवश था। ठाकुर महासिंह जी अपने कुटुम्ब सहित शत्रुओं के हाथों पकड़े गए। इस समय वे जोधपुर में हैं, और ठाकुर साहब को फाँसी की आज्ञा हो चुकी है। अब आप ही बताइए—ऐसे समय में हम लोगों का क्या धर्म है?''

महासिंह का हाल सुनते ही जयसिंह जोश में आ गया; बोला–"भाई दुर्गादास! अब हम लोगों को यहाँ एक क्षण भी विश्राम करना उचित नहीं। हम अपने साथ दस हज़ार सवार और पच्चीस हज़ार पैदल सेना लाए हैं, इसका शीघ्र ही प्रबन्ध करो।" वीर दुर्गादास ने उस पचास हज़ार पैदल एकत्र सेना के पाँच भाग कर डाले। तीन हज़ार सवार और सात हज़ार सेना का नायक मानसिंह को बनाया। इसी प्रकार अन्य चारों भागों को क्रमशः जसकरण, केसरीसिंह, जयसिंह और करणसिंह को सौंपा। स्वयं सारी सेना का निरीक्षक बना और अपनी रक्षा के लिए तेजकरण और गंभीरसिंह को दाहिने-बाएँ रखा।

कूच का डंका बजा, जयघोष से आकाश गूँज उठा। राजपूत वीर रणचण्डी की पूजा करने के लिए जोधपुर की ओर चल दिए। वीर दुर्गादास के समान सब राजपूतों ने अपना देश स्वतन्त्र करने की सौगन्ध ली थी। सभी देश पर मिटने के लिए तैयार थे। सेना में कोई ऐसा राजपूत न था, जिसे स्वदेशाभिमान न हो। रात-भर चलने पर भी किसी को जोश के कारण थकावट न आई। भोजन की किसी को इच्छा न थी; इच्छा थी घमासान युद्ध की। दुर्गादास ने सवेरा होते ही एक घने पहाड़ी प्रदेश में पड़ाव डाला। जब दो घड़ी दिन बाकी था, कूच का डंका बजा और सेना चल दी। रात्रि के पिछले पहर जोधपुर की चौहद्दी पर जा पहुँची। वीर दुर्गादास की आज्ञानुसार जयसिंह ने गढ़ का पूर्वी द्वार और करणसिंह ने पश्चिमी द्वार घेर लिये जिससे न तो किले से कोई सेना बाहर आ सके और न बाहर से भीतर जा सके। बस्ती की चौकसी के लिए केसरीसिंह अपनी दस हज़ार सेना लेकर डट गए। ऐसी व्यूह-रचना से दुर्गादास का केवल यही अभिप्राय था कि मुगलों को किसी तरफ से किसी प्रकार की सहायता न मिल सके। शेष दो भाग सेना बाहर से आने वाली मुगल सेना की रोक के लिए और थकी हुई राजपूत सेना की कुमुक के लिए थी। राजपूत भी जोश में भरे थे। रात का पिछला पहर भी छापा मारने के लिए अच्छा था। कोई मुगल सरदार शौच के लिए गया था, तो कोई नमाज़ पढ़ रहा था। सारांश यह कि सब लोग ग़ाफ़िल थे। जितना समय उनको सजग होने में लगा, उतना ही समय राजपूतों को किले का फाटक तोड़ने में लगा। दीवार टूटते ही राजपूत-सेना भीतर घुसी और घमासान मारकाट होने लगी। किले पर मारू बाजा बजने लगा। रणचंडी थिरक-थिरककर भाव दिखाने लगी!" 'अल्लाहो अकबर' की एक तरफ और 'हर-हर महादेव' की दूसरी तरफ से आवाजें गूँजने लगीं। जोशीले वीर राजपूतों की दुतरफा मार ने मुगलों के पैर उखाड़ दिए।

मुगल सरदार दिलावर खाँ ने ऊँचे स्वर में मुगल सिपाहियों को जोश दिलाने

के लिए कहा–''नमकहरामी गुनाह है! गुलाम बनकर रहने से मौत बेहतर है। अहले-इस्लाम! उन्हें कसम कुरआन मसीद की है, जो जीते-जी मैदान से भागें।''

मुगलों में एक क्षण के लिए फिर जोश पैदा हो गया। लौटकर भूखे बाज़ की तरह राजपूत सेना पर टूट पड़े। वह समय पास ही था कि राजपूत त्राहि-त्राहि करके भाग निकलते, तभी सेना लेकर वीर दुर्गादास आ पहुँचा। दोनों ओर चम-चम बिजली-सी तलवारें चमक रही थीं। बाण चल रहे थे। जीत के मारे राजपूत 'हर-हर महादेव' करते हुए आगे बढ़ रहे थे।

इतने में किसी अन्यायी मुगल ने वीर दुर्गादास पर पीछे से तलवार का वार किया। ईश्वर की कृपा थी कि गंभीरसिंह ने देख लिया, नहीं तो वीर दुर्गादास की जीवन-लीला यहीं समाप्त हो जाती। गंभीर ने उस दगाबाज़ को इतने जोर से धक्का मारा कि वह अपने को किसी प्रकार सँभाल न सका और धड़ाम से पृथ्वी पर गिर पड़ा। गंभीर तुरन्त उसकी छाती पर चढ़ बैठा। अपनी जान संकट में देख शत्रु ने दुर्गादास की दुहाई दी। वाह रे दया-वीर! ऐसी नीचता का काम करनेवाले मुगल को भी तुरन्त प्राण-भिक्षा दे दी। जब मुगल सेना ने गंभीर को उस मुगल सरदार की छाती पर चढ़ते देखा तो 'इनायत खाँ मारा गया' का शोर मच गया। मुगल सिपाही अपने ही घायलों को रौंदते हुए भागने लगे। वीर दुर्गादास चकराया हुआ खड़ा था–यह इनायत कौन? इसको तो मैंने देसुरीगढ़ के द्वार पर मारा था। तब भेद खुला कि इनायत खाँ अपनी सूरत के एक सिपाही को अपने कपड़े पहनाकर देसुरी से भाग गया था। वहाँ वही नकली इनायत खाँ मारा गया था।

सहसा ऊपर से दिलावर खाँ ने ऊँचे स्वर से पुकारकर कहा–''दुर्गादास! अगर महासिंह की जान बचाना चहाते हो, तो अभी अपनी सेना किले से बाहर ले जाओ!''

दुर्गादास ने ऊपर देखा तो दुष्ट दिलावर खाँ ने महासिंह के गले में फाँसी की रस्सी डाल रखी थी। वीर दुर्गादास की आँखों में आँसू भर आए और तुरन्त ही राजपूत सेना को किले से बाहर निकल जाने की आज्ञा दी। महासिंह ने ऊपर से दुर्गादास को ललकारकर कहा–''वीर दुर्गादास! क्यों भूल रहे हो, क्या हमारे प्राण दूसरे राजपूतों के प्राणों से अधिक मूल्यवान हैं? क्या हमको अमर समझ रखा है? थोड़ी देर के लिए हम सब संसार में आए हैं, एक दिन मरना अवश्य है, इसलिए अपनी विजय को पराजय में न बदलो।''

महासिंह दुर्गादास को उत्तेजित कर रहा था और दिलावर गले में पड़ी रस्सी में झटका देने को तैयार खड़ा था। गंभीरसिंह अपने क्रोध को अधिक समय तक दाब न सका। तुरन्त इनायत खाँ को सामने खींच लाया और बोला–''अच्छा दिलावर

खाँ! यही करना चहाते हो तो करो। जितने मुगल सरदार हमारे बन्दी हैं, हम भी सबको महासिंह के बदले में तुम्हारी ही आँखों के सामने ऐसी बुरी तरह मारेंगे कि पत्थर की आँखें भी रो देंगी।''

अब तो दिलावर खाँ के हाथ-पाँव फूल गए। गंभीरसिंह को उत्तर न दे सका। वह जानता था, इनायत खाँ का राजदरबार में कितना मान है। यदि इनायत खाँ महासिंह के बदले में मारा गया, तो मेरी भी कुशल नहीं। तुरन्त महासिंह के गले से रस्सी निकाल फेंकी और बोला–''वीर दुर्गादास, मैं प्रतिज्ञा करता हूँ कि महासिंह को अब किसी प्रकार का कष्ट न पहुँचाया जाएगा और यदि सायंकाल तक बादशाह का कोई अज्ञापत्र न आया, तो किला आपके अधीन करके सन्धि कर लूँगा। व्यर्थ के लिए मैं बहुमूल्य रत्नों को मिट्टी में नहीं मिलाना चाहता।''

वीर दुर्गादास ने दिलावर खाँ की प्रार्थना स्वीकार कर ली। राजपूत सेना अपनी थकावट मिटाने के लिए समीप ही के एक पहाड़ी प्रदेश में चली गई, और शोनिंगजी इत्यादि कुछ सरदारों ने घायल राजपूत वीरों को मरहम-पट्टी के लिए राजमहल में भेजा। यहाँ सब सामग्री इकट्ठी थी और किसी बात की कमी न थी; क्योंकि सरदार केसरी सिंह ने किले पर धावा होने के पहले ही राजभवन पर अपना कब्ज़ा कर लिया था। बस्ती में किसी मुगल का पुतला भी न रह गया। विशिष्ट मुगल सरदारों को केसरीसिंह ने बन्दी बनाकर राजभवन में कैद कर दिया। बेचारा इनायत खाँ भी वहीं पहुँच गया। इन सब आवश्यक कामों से छुट्टी पाकर शोनिंगजी वीर दुर्गादास से मिले। सब सरदार एकत्र होकर दिलावर खाँ की कही हुई बातों पर विचार करने लगे। दुर्गादास ने कहा–''भाइयों! इस कपटी को दिल्ली से किसी प्रकार की सहायता मिलने की पूर्ण आशा है, इसी कारण इसने सायंकाल तक युद्ध बन्द रखने की प्रार्थना की है, इसलिए मेरा विचार है कि मुगल सेना आने के सब मार्ग पहले ही से रोक दिए जाएँ और किले में पहुँचने के पहले ही यहीं निपट लिया जाए। मैदान की लड़ाई में सब प्रकार की सुविधा है।''

वीर दुर्गादास की सलाह सबने पसन्द की और मार्ग के दोनों ओर थोड़ी-थोड़ी राजपूत-सेना पहाड़ी खोहों में छिपा दी गई।

दिन लगभग दो पहर बाकी था। एक भेदिए ने मुगल सेना के आने के समाचार कहे। दुर्गादास ने प्रसन्न होकर राजपूत वीरों को सजग कर दिया। थोड़ी ही देर में सामने बादशाही झंडा फहराते हुए मुगल सरदार मुहम्मद खाँ के साथ एक भारी मुसलमानी दल आता दिखाई पड़ा। ज्योंही यह सेना पहाड़ी दर्रे से आई, दुर्गादास ने डंके पर चोट मारी। इधर वीर राजपूत जय-घोष करते हुए अपने शत्रुओं पर टूट

पड़े। उधर साहसी वीर गंभीरसिंह और तेजकरण दोनों ने झपटकर बादशाही झंडा नीचे गिराया। एक ने मुहम्मद खाँ को पकड़ा और दूसरे ने राजपूती झण्डा खड़ा किया।

सरदार पकड़ा गया, तो बादशाही सेना निराश होकर भागने लगी, परन्तु राजपूत वीरों ने वीर दुर्गादास की आज्ञानुसार मुगल सेना को पीछे भागने से रोका; क्योंकि भेदिए ने सत्तर हज़ार सेना के तीन भागों में आने के समाचार दिए थे। यदि पराजित मुगल सेना पीछे जाती, तो सम्भव था कि दूसरी आने वाली मुगल सेना सजग रहती, फिर तो वीर दुर्गादास को थोड़े-से राजपूत वीरों को लेकर इतनी बड़ी मुगल सेना पर विजय पाना कठिन हो जाता। और हुआ भी ऐसा ही। जब तक पराजित मुगल सेना के हथियार छुड़ाए जाएँ, और आगे वाले दर्रे तक राजपूत सेना भेजी जाए कि दूसरा मुसलमानी दल आ गया। इसका सरदार तहव्वर खाँ बड़ा बहादुर था। अपनी सेना को उत्साहित करता हुआ बड़ी वीरता से लड़ने लगा। उस समय का दृश्य भयानक था। वीर दुर्गादास रक्त से नहाया हुआ था। जसकरण, तेजकरण तथा गंभीरसिंह का भी ऐसा कोई अंग न था, जहाँ गहरा घाव न लगा हो। एक ओर तहव्वर खाँ, दूसरी ओर वीर दुर्गादास अपने वीरों को उत्तेजित कर रहे थे। एक कुरआन मजीद की सौगन्ध देता था, दूसरा बहन-बेटियों की लाज के लिए मर मिटने को कहता था। सारांश यह कि दोनों दल बड़ी वीरता के साथ भीषण युद्ध कर रहे थे। दुर्गादास को घिरा देख महासिंह आगे बढ़ा और तहव्वर खाँ पर अपनी पूरी शक्ति से भाले का प्रहार किया। बेचारा घायल होकर ज़मीन पर आ गिरा। साथ ही जसकरण ने दिलावर खाँ का सर काट लिया। बादशाही झंडा नीचा हुआ। मुगल सेना परास्त हुई और भाग निकली। राजपूतों की जय-ध्वनि चारों ओर गूँजने लगी। राजपूत इतने प्रसन्नचित्त थे, जैसे कभी किसी को कुछ परिश्रम ही न करना पड़ा हो। आश्चर्य तो यह था कि मृतप्राय घायल भी उठकर 'जय-जय वीर दुर्गादास की जय' कहकर नाचने लगे।

वीर दुर्गादास ने तहव्वर खाँ से पूछा—''खाँ साहब! आपके बादशाह सलामत ने इतनी ही सेना भेजी थी, या और भी?'' तहव्वर खाँ ने कहा—''महाराज! अभी सरदार अकबर शाह के साथ लगभग बीस हज़ार मुगल सेना और आती होगी।'' वीर दुर्गादास ने उस समय दोनों बादशाही झंडे, और तीनों सरदारों इनायत खाँ, मुहम्मद खाँ और तहव्वर खाँ को थोड़ी सेना के साथ आगे भेजा। जब अकबर शाह की सेना समीप आई, मानसिंह ने अकबर शाह से मिलकर वीर दुर्गादास का सन्देश कहा और दोनों बादशाही झण्डे दिखाए। अकबर शाह बड़ा ही शान्त था। दोनों बादशाही झण्डों और सरदारों को राजपूतों द्वारा बन्दी देख अपना झण्डा भी मानसिंह

को सौंप दिया और सन्धि का झण्डा ऊँचा करके वीर दुर्गादास की शरण आया। तब अपनी तलवार दुर्गादास के सामने रख दी। वीर दुर्गादास ने तलवार उठाकर प्रेम से अकबर शाह को दे दी। विजय के बाजे बजने लगे।

दुर्गादास ने दिलावर खाँ की प्रतिज्ञानुसार किले को अपने अधीन करने और महाराज महासिंह को छुड़ाने के लिए, मानसिंह और गंभीरसिंह को भेजा। इन दोनों को आते देख किले के रक्षकों ने आगे बढ़कर कुञ्जियाँ सौंप दीं, परन्तु इन दोनों में कोई भी इस किले में पहले कभी न आया था, इसलिए एक रक्षक की सहायता से महासिंह के पास पहुँचे। जिस प्रकार किसी डूबनेवाले को आधार मिल जाए, और वह दौड़कर उसे पकड़ ले, वैसे ही महाराज ने अपने भतीजे और भानजे को हाथों से पकड़कर छाती से लगा लिया। प्रेम के आँसू आँखों में आ गए। गला भर आया। बड़ी कठिनता से बोले–''बेटा! हमारा प्राण-रक्षक वीर दुर्गादास कुशल से तो है?''

गंभीरसिंह अपने सरदारों की कुशल के साथ-साथ देसुरी और जोधपुर की विजय-कहानी कहने लगे।

मानसिंह अपनी बहन लालवा के कमरे में पहुँचा। देखा–एक दीपक जल रहा है, और सामने लालवा घुटना टेके पृथ्वी पर बैठी हुई जगत्पिता परमेश्वर से प्रार्थना कर रही है! वह इतनी निमग्न थी कि मानसिंह को अपने कमरे में आते न जाना। मानसिंह थोड़ी देर तक खड़ा रहा, परन्तु लालवा का ध्यान न टूटा। अन्त में मानसिंह ने पुकारा–''बहन! आज ईश्वर की कृपा से विजयी वीर दुर्गादास ने मुगलों को पराजित कर जोधपुर की राजश्री अपना ली! आज से अपना प्यारा देश स्वतन्त्र हुआ।''

पहले तो इसको लालवा ने आकाशवाणी समझा, परन्तु जब यह सुना कि उसको वीर दुर्गादास ने बन्धन-मोक्ष दिलाया है, तब आँखें खोल दीं और प्यारे भाई मानसिंह को सामने खड़ा देखा। उन्मत्तों के समान उठ पड़ी, और बोली–''प्यारे भाई! हमारी लाज बचानेवाला सकुशल तो है? संग्राम में कोई गहरा घाव तो नहीं लगा? हमारे प्यारे पिताजी तथा माता तेजबा तो प्रसन्न हैं?''

लालवा का यह अन्तिम प्रश्न पूरा भी न हुआ था कि तेजबा को साथ लिये हुए महाराज महासिंह आ पहुँचे। लालवा को प्यार से छाती से लगाकर कारागार के दुःखों को भूल गए। महासिंह, गंभीरसिंह के साथ वीर दुर्गादास से मिलने चले और मानसिंह तेजबा और लालवा को लेकर राजभवन चला गया।

6

मानसिंह और गंभीरसिंह को किले पर भेजने के पश्चात् वीर दुर्गादास ने चारों मुगल सरदारों को केसरीसिंह के साथ किया और राजमहल के पास वाले कारागार में कैद कर दिया। जोधपुर की रक्षा के लिए भी उचित प्रबन्ध किया। चारों तरफ विश्वासी रक्षकों तथा गुप्तचरों को नियुक्त किया। सब ज़रूरी कामों से निपटने के बाद एक छोटी-सी सभा की। राजपूत सरदारों की अनुमति पाकर आसपास के गाँवों में रहनेवाले मुगलों को युद्धनीति के अनुसार पकड़कर कैद कर लिया; पर उनके साथ शत्रु का-सा नहीं, मित्र का-सा व्यवहार किया जाता था। वीर दुर्गादास की मन्शा मुगलों को कष्ट पहुँचाने की न थी। केवल शत्रुओं पर राजपूत कैदियों को छोड़ देने के लिए दबाव डालना था।

दुर्गादास सदैव अपने देश और जाति की भलाई के लिए कमर कसे तैयार ही रहता था। कोई काम कैसा भी कष्ट-साध्य क्यों न हो, कभी न हिचकता था। आज उसी साहस और देशभक्ति की बदौलत उसने अमर-कीर्ति प्राप्त की है। मारवाड़ के बच्चे भी वीर दुर्गादास के नाम पर गर्व करते हैं।

जब जोधपुर की जीत का समाचार फैला, तो शत्रु भी मित्र बनकर बधाई देने के लिए इकट्ठा होने लगे और इतनी भीड़ हुई कि जोधपुर में एकत्र जनता समा न सकी। विवश होकर वीर दुर्गादास को जोधपुर के बाहर एक भारी मैदान में सभा करनी पड़ी। पौष की पूर्णिमा के दिन राजप्रासाद से लेकर सभा-मण्डप तक एक तिल रखने की भी जगह न थी। कभी कोई राजभवन से सभा की ओर जाता था, तो कोई सभा से राजभवन की ओर लौट आता था। उस समय चलती-फिरती जनता का दृश्य बड़ा ही अपूर्व था। मालूम होता था समुद्र उमड़ पड़ा है। ऐसा कोई न था जिसको वीर दुर्गादास के दर्शन की लालसा न हो। स्त्रियाँ झरोखों से झाँक रही थीं। जयध्वनि आकाश में गूँज रही थी और चारों ओर से फूलों की वर्षा हो रही थी। अच्छा हुआ कि वीर दुर्गादास राजभवन से पैदल ही चला, नहीं तो फूलों से दब जाता और बेचारे दर्शकों की लालसा धूल में मिल जाती; क्योंकि इसमें अधिकांश ऐसे भी थे जो दुर्गादास को पहचानते न थे। वे अपने पास खड़े हुए मनुष्यों से पूछते थे—''भाई! इनमें वीर दुर्गादास कौन हैं?'' कोई अपने मित्र को उँगली उठाकर बता रहा था। कोई एक दूसरे से कह रहा था—''भाई, मारवाड़ का विजेता, हमारी बहन-बेटियों की लाज की रक्षा करनेवाला वीर दुर्गादास नम्रता से सबको नमस्कार करता हुआ पैदल ही जा रहा है। धन्य है! देखो। इतना बड़ा काम करने पर भी घमण्ड का नाम नहीं, देवता है। मनुष्य नहीं, देवता है! मनुष्य में यह गुण कहाँ?''

जनता धीरे-धीरे दुर्गादास के साथ सभा-मण्डप में पहुँची। यहाँ मारवाड़ देश की सभी छोटी-बड़ी रियासतों के सरदार बैठे हुए वीर दुर्गादास के आने की प्रतीक्षा कर रहे थे। देखते ही उठ खड़े हुए और बड़े आदर-भाव से वीर दुर्गादास को एक ऊँचे आसन पर ला बिठाया। विविध प्रकार के सुगन्धित फूलों के गजरे उनके गले में डाले, केसरिया चन्दन का लेप किया। उदयपुर के राणा राजसिंह के पुत्र भीमसिंह ने राजसी पोशाक भेंट की, जो राजा साहब ने दुर्गादास के लिए भेजी थी।

दुर्गादास ने राणा साहब का उपहार बड़े सम्मान के साथ लिया, उसे माथे पर चढ़ाकर गद्दी पर रख दिया और जनता के सामने हाथ जोड़कर कहने लगा–''राजगुरु और प्यारे भाइयों! आज आप लोगों ने हमारा जो कुछ सम्मान किया है, मैं उसके लिए आपका आजीवन आभारी रहूँगा। यद्यपि जो काम मैंने किया है, वह हर एक देशाभिमानी कर सकता था और मुगलों के अत्याचार से विवश होकर करता भी; परन्तु ईश्वर यह कीर्ति मुझको देना चाहता था, इसलिए प्रसंग भी वैसा ही आ बना। हमारे पूज्य, वृद्ध सरदार महासिंह जी को मुगलों ने कंटालिया में घेरकर मारना चाहा था, इनकी रक्षा करने में मेरे हाथों सरदार जोरावर खाँ का खून हुआ! मुगलों ने उसी खून के बदले में मेरी वृद्ध माँ जी की हत्या कर दी, घर-बार लूटा और कल्याणगढ़ फूँक दिया। यद्यपि मैं मुगलों से इसका बदला लेने में असमर्थ था, परन्तु परमात्मा की कृपा और अपने देश-भाइयों की सहायता से आज इस योग्य हुआ कि जोधपुर में मुगलों को परास्त कर एक महती सभा कर सका। प्यारे भाइयों! इतनी आज़ादी होते हुए भी; मुझे एक बार और भीषण युद्ध होने की शंका है। क्या मुगल बादशाह आलमगीर अपना अपमान सह सकता है? नहीं, कदापि नहीं। वह एक बार दुनिया के कोने-कोने से अपनी सेना बटोरकर मारवाड़ पर धावा अवश्य बोलेगा, इसलिए मैं अपने देशवासियों से एक बार और सहायता करने की प्रार्थना करता हूँ। यदि आप लोग अपने पूज्य गुरु ब्राह्मणों के यज्ञोपवीत की, अपने मन्दिरों की मूर्तियों की रक्षा चाहते हों, तो हमारा साथ दो, मारो या मर मिटो, 'आजादी या मौत' का प्रण करो। बीज जब तक मिट्टी में नहीं मिलता, कभी हरा-भरा होकर फल नहीं लाता। भाइयों! मुझे पहले बड़ी संख्या में सहायता क्यों नहीं मिली? इसका कारण यह था कि हमारे राजपूत भाई यह समझते थे कि राजवंश का तो नाश हो गया, अब महाराज जसवन्तसिंह की गद्दी का उत्तराधिकारी कोई रहा नहीं, हम किसके लिए इतने बड़े मुगल बादशाह से वैर करें और अपना सत्यानाश कराएँ? वे समझते थे दुर्गादास ने मुगलों से जो वैर ठाना है, वह राज्य के लालच से। भाइयों! मैं सर्वान्तर्यामी ईश्वर को साक्षी करके कहता हूँ कि न मुझमें राज्य का लोभ था, न है और न कभी होगा।

मेरे बहुत-से भाइयों को अभी यह नहीं मालूम कि महाराज जसवन्तसिंह का चिरंजीवी पुत्र अजीतसिंह अभी जीवित है। उसका पालन-पोषण गुप्त रीति से हो रहा है। समय आने पर आप लोग राजकुमार का दर्शन करेंगे।''

वीर दुर्गादास इतना कहकर बैठ गया। जय-ध्वनि और फूलों की वर्षा हुई। इसके पश्चात् महाराज महासिंह जी उठे और जनता को नमस्कार कर बोले—''भाइयों! वीर दुर्गादास ने मुगलों से वैर का जो कारण बताया, वह अक्षरशः सत्य है। दुर्गादास ने मारवाड़ देश अपने लिए नहीं जीता, अपितु अपने पिता-तुल्य राजा जसवन्तसिंह जी का आज्ञा-पालन किया। महाराज अपने सरदारों को अपने मरने के दस दिन पहले आज्ञा दे गए थे कि यदि हाड़ी वा भाटी रानी से ईश्वर की इच्छा से हमारी गद्दी का वारिस जन्मे, तो सब सरदारों का कर्त्तव्य होगा कि मारवाड़ देश को मुगलों से छुड़ाकर राजकुमार को गद्दी पर बिठावें। आज वीर दुर्गादास ने अपने कर्त्तव्य का पालन कर दिखाया। अब हम लोगों के लिए उचित है कि जी तोड़कर वीर दुर्गादास की सहायता करें जिससे वह समय शीघ्र ही आ जाए कि सब राजपूत अपने राजकुमार को जोधपुर की गद्दी पर बैठे देखें!''

जनता एक ही आवाज में बोल उठी—''हम लोग अपने राजकुमार और मारवाड़ देश के लिए मर मिटने को तैयार हैं।''

महासिंह ने जनता का जोश देखकर अपने राजगुरु जयदेव की ओर देखा। गुरुजी ने वीरों को माघ सुदी पंचमी के दिन युद्ध पर जाने की अनुमति दी। सब सरदारों ने अपनी-अपनी सेना-सहित मुहूर्त के दिन पहले ही आने की प्रतिज्ञा की। सभा विसर्जित हुई। एकत्र जनता तथा राजपूत सरदारों ने एक-दूसरे से विदा ली और वीर दुर्गादास की बड़ाई करते हुए अपने-अपने घर गए।

बेचारे दुर्गादास का घर तो कहीं रहा ही न था, इसलिए महासिंह अपने सरदारों को साथ लेकर राजभवन में लौट आया और घायल राजपूतों तथा मुगल बन्दियों की देख-रेख में अपने दिन बिताने लगा। वह अपने अधीन कैदियों को कभी दुःख न देता; वरन् मित्र-समान व्यवहार करता था। मुहम्मद खाँ को तो बहुत मानता था। शत्रु हो अथवा मित्र, किसी की नेकी कभी भूलता न था। क्षमा करने में तो एक ही था। इनायत खाँ ने दुर्गादास के विनाश के लिए क्या न उठा रखा था, परन्तु उसे भी क्षमादान दिया। कभी उन सबको बुलाता और कभी आप ही उनके पास जाता। रात-रातभर उनसे बातें करता रहता। उसके हृदय में मालिन्य का लेश भी न था।

धीरे-धीरे एक महीना बीता, और चारों ओर बादलों के समान राजपूत सेनाएँ

उमड़-घुड़कर चलने लगीं। जोधपुर में राजपूत वीरों का एक अच्छा जमाव हो गया। बीकानेर और जैसलमेर के सरदारों ने आकर उदयपुर में पड़ाव डाला और जयसिंह के साथ देसुरी आ पहुँचे। माघ सुदी पंचमी के दिन वीर दुर्गादास जोधपुर की एकत्र सेना लेकर ठाकुर जयसिंह से देसुरी में आ मिला। वह चारों मुगल सरदारों को उनकी मुसलमानी सेना सहित अपने साथ लाया था, क्योंकि बादशाह से बन्दियों की अदला-बदली करनी थी। ये लोग राजपूतों से कुछ ऐसे हिल-मिल गए थे कि कोई देखनेवाला इन्हें कदापि कैदी नहीं कह सकता था। परस्पर भाईचारे का-सा व्यवहार था। हर कोई एक-दूसरे से बड़े प्रेम से मिलता था और विश्वास रखता था। यह था संगति का फल, और वीर दुर्गादास का बर्ताव, कि शत्रु भी मित्र बन गए। समय-समय पर हितकर सलाह भी देने लगे, जिसे दुर्गादास सहर्ष मानता था। आज ही जब देसुरी से सेना के आगे चलने के विषय में सलाह हो रही थी तो मुहम्मद खाँ ने इसका विरोध किया। और बात ठीक थी; क्योंकि झुपपुटा हो चुका था। आगे यदि पड़ाव के लिए उचित समय न मिलता, तो बड़ी असुविधा होती। सेना के लिए भोजन और विश्राम ज़रूरी है। यह सोचकर देसुरी के ही मैदान में रहा। रात हुई सबने भोजन किया और विश्राम करने लगे।

दुर्गादास ज़रूरी कामों से निपटकर अकबर शाह के डेरे में गया और बैठकर बातचीत करने लगा। बातों में औरंगज़ेब का प्रसंग छिड़ गया। दुर्गादास ने कहा–''भाई! आप मानें, या न मानें क्योंकि वह आपके पिता हैं, परन्तु मैं तो यही कहूँगा कि औरंगज़ेब किसी पर विश्वास नहीं करते! देखो, उन्होंने राजा जसवन्तसिंह के साथ कैसा कपट व्यवहार किया! उन्हीं के इशारे पर काबुल में बलवा हुआ जिसमें ज़हरीले कपड़े पहनाकर जान ली गई। तब धोखे से मारवाड़ को अपने अधीन कर लिया। फिर भी सन्तोष न हुआ। यहाँ तक कि महाराज का वंश ही नष्ट करने पर उतारू हो गए। दिल्ली में ही अजीतसिंह को मरवाने के लिए क्या नहीं किया? देखो भाई अकबरशाह! भला कोई अपने मित्र के साथ ऐसा विश्वासघात करता है? अच्छा मान लो, हम लोग परधर्मी थे; हमारे साथ जो कुछ किया, अच्छा किया; परन्तु क्या तुम्हारे बाबा शाहजहाँ भी काफिर थे जिन्हें कारागार में पानी का भी कष्ट दिया? अपने सगे भाइयों तथा भतीजों से जैसा बर्ताव किया, क्या वह आपसे छिपा है? खैर, यह भी सही, वह दूर के थे; परन्तु आप तो उनके बेटे हैं, वे आप ही पर विश्वास नहीं करते। अगर विश्वास करते तो तैवर खाँ को आपकी देख-रेख के लिए तैनात न करते! अगर आपको यकीन न आए तो तैवर खाँ से पूछ देखें।''

अकबरशाह को विश्वास न आया; परन्तु यह बात उसके मन में खटकती रही।

आखिर तैवर खाँ को बुलाने के लिए तुरन्त ही एक चौकीदार भेजा। थोड़ी देर में तैवर खाँ और जयसिंह शाहज़ादे के डेरे में आ पहुँचे। वीर दुर्गादास ने बड़े सम्मान से दोनों को आसन दिया। जब दोनों बैठ गए, तो अकबर शाह ने पूछा–''भाई तैवर खाँ, मुझे विश्वास है कि तुम कभी झूठ नहीं बोलते; तथापि आज ठाकुर जयसिंह और दुर्गादास के सामने तुम्हें कुरआन की सौगन्ध देता हूँ, कि जो कुछ भी पूछा जाए, उसका उत्तर सत्य ही हो।''

तैवर खाँ ने कहा–''पूछिए, आप लोग क्या पूछना चाहते हैं?''

शाहज़ादे ने पूछा–''बादशाह सलामत ने मेरे बारे में कुछ कहा था?''

तैवर खाँ उत्तर देने के पहले कुछ हिचकिचाया, फिर जी कड़ा करके बोला–''हाँ, कहा तो कुछ न था; परन्तु... मैं आपके सामने कहते डरता हूँ।''

दुर्गादास ने कहा–''भाई, डर किस बात का? जब कुरआन की सौगन्ध दी गई, तो ऐसा कौन मूर्ख है जो तुम्हारे सच बोलने पर क्रोध करे? जो कुछ कहना हो, निडर होकर कहो।''

तैवर खाँ ने कहा–''जब दिल्ली से हम अपना लश्कर लेकर चलने लगे, तब बादशाह ने हमें एकान्त में बुलाया और कहा–देखो तैवर खाँ! हम दुनिया में तुमसे ज्यादा किसी को प्यार नहीं करते। हम जानते हैं कि तुम मुहम्मद खाँ की तरह कभी धोखा न दोगे, क्यों? तुमको बादशाही का लालच नहीं। जिसको किसी चीज़ का लोभ होता है, वही दग़ा करते हैं। हमको अगर कुछ सन्देह है तो अकबर शाह पर क्योंकि उसको राज्य का लालच है। सम्भव है कि वह कपटी दुर्गादास की बातों में आ जाए और हमारे साथ वही बर्ताव करे, जो हमने अपने बाप के साथ किया था। इसलिए तुम्हें होशियार किए देता हूँ कि उसकी नीयत अगर बुरी देखो, तो उसी समय तलवार के घाट उतार देना। मैं तुमको सब तरह के अधिकार देता हूँ।'' इतना कहकर तैवर खाँ चुप हो गया।

अकबर शाह निश्चिन्त होकर बोला–''भाई दुर्गादास! आपका कहना सत्य है। अब्बाजान कहते कुछ हैं, करते कुछ हैं, उनकी मसलहत समझ में नहीं आती।''

जयसिंह ने कहा–''अब आप ही कहिए। ऐसे राजा का कौन साथ देना चाहेगा? इससे यह न समझना कि मुसलमान होने के कारण हम लोग शत्रु बन गए। हमने नीति पर चलने वाले बादशाहों के लिए अपने भाइयों के गले पर तलवार चलाई है। आप ही के नाम राशि, आपके पूर्वज अकबर तथा शाहजहाँ को ठाकुरों ने कब सहायता नहीं दी? वे लोग प्रजा-पालक थे। अपनी प्रजा को पुत्र के समान मानते थे। हिन्दू हो या मुसलमान हो, सबको योग्यता के अनुसार ओहदे देते थे। कभी

किसी के धर्म में हस्तक्षेप नहीं करते थे। हम लोग ऐसे बादशाहों के साथी हैं। तुम्हारे पिता–जैसे बादशाह के साथी नहीं, जो मन्दिर तोड़कर मस्जिद बनाए, हमारी मूर्तियों को मस्जिद की सीढ़ियों में लगाए, तीर्थ-यात्रियों से कर ले और निर्दोष हिन्दुओं को काफिर कहकर बिना अपराध के ही अत्याचार करे। आप ही कहिए, यह जुल्म नहीं तो क्या है?''

दुर्गादास बोला–''अगर आप लोग औरंगज़ेब की करतूतों को दरअसल पाप और जुल्म समझते हो, और उनसे बचना चाहते हो तो जैसा हम कहें, वैसा करने की प्रतीक्षा करें, परन्तु समय पड़ने पर धोखा न देना! हम औरंगज़ेब को पकड़कर शाहज़ादे को गद्दी पर बिठा देंगे। इनका जैसा नाम है, वैसे ही बादशाह अकबर के-से गुण भी हैं। यदि ऐसा करना चाहते हो, तो सरदार मुहम्मद खाँ को बुला लो, मैं उपाय बताता हूँ।''

जब तक चौकीदार मुहम्मद खाँ को बुलाकर लाए, इतनी देर में मन-ही-मन शाहज़ादा न जाने क्या-क्या सोच गया। मुहम्मद खाँ के आ जाने के बाद शाहज़ादे ने कहा–''भाई दुर्गादास! आप जो कुछ करना चाहते हैं, इसमें कोई भी सन्देह नहीं कि इससे बढ़कर कोई उपाय नहीं जिसमें हम दोनों की भलाई हो, परन्तु भाई! राज के लिए मैं ऐसा पाप नहीं कर सकता।''

मुहम्मद खाँ ने कहा–''शाहज़ादा! अभी आप बालक हैं, राजनीति नहीं जानते। बहुत पापों से बचने के लिए यदि एक पाप किया जाए, तो वह पाप नहीं, पुण्य है। इतना तो आप भी समझ सकते हैं कि आपके गद्दी पर बैठने के बाद ये जुल्म, जो अभी हो रहे हैं, क्या बन्द न हो जाएँगे? फिर राजपूतों की जो शिकायत है, वह दूर हो जाएगी। परस्पर मेल हो जाने पर प्रजा कितने सुख से रहेगी! इसलिए हमें तो ऐसा करने में कोई पाप मालूम नहीं होता। अब रहा यह कि औरंगज़ेब ने अपने बाप को कारागार में रखकर बड़ा कष्ट दिया था, तो आप ऐसा न करना। चलो, बस हो चुका। अगर आप इतने पर भी राज़ी नहीं, तो राजकुल में वृथा ही जन्म लिया था, कहीं फक़ीर होते जाके।''

तैवर खाँ ने कहा–''इसमें आपको करना ही क्या है? हम कैदियों की अदला-बदली के बहाने अपनी मुगल-सेना लेकर जाएँगे, और पीछे से राजपूत सेना एकाकी धावा कर देगी। बादशाह अपनी सेना समझकर हमारी ओर अवश्य भागेगा, बस हमारा काम बन जाएगा। बादशाह को पकड़कर वीर दुर्गादास को सौंप देंगे, और आपको शाही तख्त पर बिठा देंगे।''

अकबरशाह की नीयत बिगड़ी! संसार में ऐसा कौन है, जो लक्ष्मी का तिरस्कार

करे? अब रात भी आधी बीत चुकी थी और सब सरदार भी दुर्गादास की राय पर सहमत थे। बातचीत बन्द हुई। सब लोग अपने-अपने डेरे में विश्राम करने चले गए। शाहज़ादा अपनी सेज पर पड़ा-पड़ा अपने भविष्य पर विचार करता रहा।

सवेरा हुआ और कूच का डंका बजा। सरदारों ने अपनी-अपनी सेनाएँ सँभालीं और बुधवाड़ी के मैदान की तरफ रवाना हुए। यहाँ से अजमेर केवल डेढ़-दो कोस रह जाता है। लड़ाई के लिए मैदान भी अच्छा था, और सेना के लिए भी सब प्रकार की सुविधा थी। दुर्गादास ने पड़ाव के लिए यही जगह उचित समझी। इनके दोनों तरफ पहाड़ी प्रदेश था। यहाँ युद्ध होने पर प्रजा को किसी प्रकार की हानि नहीं पहुँच सकती थी। वीर दुर्गादास का मतलब भी यही था, नहीं तो पहले ही से बस्ती के बाहर मोर्चाबन्दी क्यों करता? अस्तु, वीर दुर्गादास की आज्ञानुसार पड़ाव यहीं पड़ा। सरदारों ने सेना के भोजन तथा विश्राम का पूरा प्रबन्ध किया।

शाम को जयसिंह तथा दुर्गादास आदि मुगल सरदारों से मिलकर औरंगज़ेब के लिए जो षड्यंत्र रचा गया था, उस पर विचार करने लगे। दुर्गादास ने कहा–"खाँ साहब! देखो, धोखा न देना। नहीं तो बेचारे अकबरशाह के अरमान खाक में मिल जाएँगे। अगर धोखा दिया भी, तो हमारा क्या जाएगा? हम तो लड़ाई के लिए घर से निकले ही हैं, जहाँ एक से निपटना है, वहाँ दो से सही!"

मुहम्मद खाँ ने कहा–"वाह! हम मुसलमान हैं, बात कहकर बदलते नहीं। आगे बढ़कर पीछे नहीं हटते। फिर यह तो अपने मतलब की बात है।"

इसी तरह अपनी-अपनी उड़ा रहे थे। अकबरशाह तो इतने प्रसन्न थे, मानो बादशाह ही बन बैठे हैं।

परन्तु यह अभी किसी को मालूम न था कि बना-बनाया खेल बिगड़ गया। मनुष्य लाख सिर पटके, होता वही है जो ईश्वर चाहता है। उसके सभी काम विलक्षण हैं। कौन जान सकता है कि कब क्या होगा। चाहे जितनी गुप्त रीति से बातचीत क्यों न की जाए, भेद खुल ही जाता है। बड़े-बड़े लोगों ने कहा है कि कान दीवार के भी होते हैं। जब देसुरी में शाहज़ादे के खेमे में इस पर बातचीत हो रही थी, उस समय एक मुगल सिपाही शमशेर बाहर पहरे पर था। वह सारी बातें सुन रहा था। यह था मौलवी, कट्टर मुसलमान। अकबर और शाहजहाँ को भी काफिर ही कहता था। वह रोज़ा और नमाज़ से बढ़कर हिन्दुओं को दुःख देने ही में सवाब समझता था। उसने सोचा कि काफिरों ने एक कट्टर मुसलमान बादशाह के विरुद्ध षड्यंत्र रचा है और वह मुझे मालूम हो गया है। अगर मैंने कोई उपाय न किया तो मैं भी खुदाबन्द करीम की नज़रों में काफिर ही बनूँगा; इसलिए यहाँ से निकलना चाहिए,

देर करने में काम बिगड़ता है और काम बिगड़ने पर केवल पछतावा ही साथ रहेगा। पछता के भी क्या करूँगा? फिर यहाँ किसलिए ठहरूँ? अगर बच निकला तो एक मुसलमान को काफिरों के पंजे से छुड़ा सकूँगा, और अगर पकड़ा गया तो इस्लाम के नाम कुरबान हो जाऊँगा। अस्तु, मौलवी साहब को किसी तरह का कष्ट न उठाना पड़ा। सुगमता से निकल गए, क्योंकि वीर दुर्गादास ने अपने मुगल कैदियों पर कड़ा पहरा न रखा था।

दूसरे दिन मौलवी साहब अजमेर पहुँचे और बादशाह से कच्चा चिट्ठा कह सुनाया। औरंगज़ेब था बड़ा ही धूर्त। तुरंत ही एक चिट्ठी अकबरशाह के नाम लिखवाकर एक फकीर को दी कि इसे दुर्गादास के खेमे में डाल दे। फकीर को इनाम दिया गया। फकीर को कहीं रोक-टोक तो थी नहीं, माँगता-जाँचता लश्कर में जा पहुँचा और अवसर पाकर पत्र दुर्गादास के डेरे में फेंक दिया। दैवयोग से वह पत्र सन्तरी के हाथ लगा; उठाकर दुर्गादास के पास लाया। दुर्गादास ने देखा तो उस पर शाही मुहर थी, और शाहज़ादे के नाम था। खोलकर पढ़ने लगा–

'बेटा अकबरशाह! मैं तुम्हारे मुँह पर तुम्हारी बड़ाई नहीं करना चाहता, नहीं तो जितनी बड़ाई की जाए, वह थोड़ी ही है। तुमने काफिरों को फँसाने के लिए अच्छी युक्ति निकाली; मगर देखो, सावधान रहना! दुर्गादास बड़ा ही चालाक है। कहीं काम बिगड़ने न पावे! तैवर खाँ से सलाह लेते रहना, वह बड़ा पक्का मुसलमान है। बेटा! मैं तुम्हारे पत्र का उत्तर कभी न देता, क्योंकि दूसरे के हाथ में पड़ जाने से काम में बाधा पड़ने का अंदेशा था; परन्तु फिर यह सोचा कि शायद तुम्हें सन्देह बना रहे कि तुम्हारा पत्र हम तक पहुँचा या नहीं और मैं हालात को समझ गया या नहीं? इसलिए लिखने को मजबूर हुआ।

तुम्हारा बाप।'

यह पत्र पढ़कर दुर्गादास को अकबरशाह पर सन्देह उत्पन्न हो गया। पत्र लिये हुए सीधा जयसिंह के पास पहुँचा। पत्र तो उनके हाथ में दे दिया और पलँग पर बैठकर पापियों के विश्वासघात से होनेवाले परिणाम पर विचार करने लगा। जयसिंह ने पत्र पढ़ा और म्यान से तलवार खींच ली। दुर्गादास ने कहा–''यह क्या?''

जयसिंह ने कहा–''भाई! आप तो क्षमा के अवतार हैं। किसी ने कैसा ही अपराध क्यों न किया हो, आप क्षमा कर देते हैं, परन्तु मुझमें यह दैवी गुण नहीं। दुष्टों को विश्वासघात का मज़ा जरूर चखाऊँगा।'

दुर्गादास ने कहा–''भाई! यह राजपूतों का धर्म नहीं। वे हमारे बन्दी हैं, और

फिर आज तक उनसे हमारा भाईचारे का बर्ताव रहा। अब आप उन्हें बिना किसी अपराध के मारना चाहते हैं, यह अनुचित कार्य करने की मेरी इच्छा नहीं।''

जयसिंह ने शान्त होकर पूछा—''अच्छा, तो बताइए, आपकी इच्छा क्या है?''

दुर्गादास ने कहा—''अगर मेरी इच्छा पूछते हो, तो इन्हें इसी प्रकार सोते ही छोड़ दिया जाए और हम अपनी सेना को देववाड़ी की पहाड़ियों में छिपा दें। औरंगज़ेब की सेना के आने पर दोनों तरफ से साथ ही धावा बोल दिया जाए। हमें विश्वास है, वह दुरतफा मार कभी न सह सकेगा। अगर भागना चाहेगा, तो सामनेवाले दर्रे के सिवा और दूसरा रास्ता न होगा। जब दर्रे में फँसा तो उबरना कठिन होगा। फिर या तो हमारी शरण आएगा या बेमौत मरेगा।''

यह सलाह जयसिंह के मन में बैठ गई। धीरे-धीरे राजपूत सरदारों को सचेत किया। सबों ने अपनी-अपनी सेना सँभाली और रात के पिछले पहर तक देववाड़ी के पहाड़ी प्रदेश में जा पहुँचे।

सवेरा हुआ। तारों की चमक फीकी पड़ने लगी, प्रकाश का रंग बदलने लगा। अपने-अपने घोंसलों से निकलकर पक्षियों ने शाखाओं पर ईश्वर का गुणगान प्रारम्भ किया। अज़ान सुनकर मुगल सरदारों ने भी नमाज़ की तैयारी की। खेमे से बाहर निकले थे कि बस, जान सूख गई। कहाँ की नमाज़ और कहाँ का रोज़ा! यहाँ तो प्राणों पर आ बनी! अकबरशाह की तो कुछ पूछो ही मत! जो कल बादशाह बने बैठे थे, आज भागने का रास्ता न पाते थे। चेहरे पर जो शाही झलक थी, आज फीकी पड़ गई। सोचने लगा—या खुदा! माजरा क्या है? राजपूत सेना थी कि इन्द्रजाल का तमाशा? तैवर खाँ से बोला—-''हमें दुर्गादास के चले जाने का दुःख नहीं। दुःख तो यही है कि चोरी से क्यों चले गए? क्या हम लोग उन्हें रोक लेते? हम लोग तो खुद ही उनके बन्दी थे, फिर छिपकर जाने का कारण क्या था?''

तैवर खाँ ने कहा—''शाहज़ादे, इसमें दुख की कौन बात है? हम लोगों पर दुर्गादास को विश्वास नहीं आया और ठीक भी है। विश्वास कैसे आता? एक मछली सारे ताल को गन्दा कर देती है। फिर बादशाह ने छल-पर-छल किए हैं। यह दुर्गादास की भलमंसाहत थी कि हम लोगों को बिना किसी प्रकार का दुःख पहुँचाए ही छोड़कर चला गया। अगर जान से मार डालता तो हम उसका क्या बना लेते? आखिर थे तो उसी के अधीन! जो चाहता, करता!''

मुहम्मद खाँ ने कहा—''भाई! दुर्गादास ने जो कुछ किया, अच्छा किया। अब हम लोगों को चाहिए कि दुर्गादास को दिखा दें कि सब आदमी एक-से नहीं होते। अगर कुछ मुसलमान झूठे होते हैं, तो कुछ अपनी प्रतिज्ञा के सच्चे भी होते हैं। इसलिए

शाहज़ादे को जाने दो कि वह दुर्गादास की तलाश करें। हम लोग अपना लश्कर लेकर मोर्चे पर चलें और बादशाह से लोहा लें, मरें या मारें, अपना कर्त्तव्य पालन करें। यह खबर पाकर दुर्गादास अपनी करतूत पर लज्जित होगा।''

तैवर खाँ को यह सलाह पसन्द आई। अकबरशाह को विदा किया और अपना लश्कर लेकर औरंगज़ेब के मुकाबिले पर चला। रास्ते ही में औरंगज़ेब की सेना से मुठभेड़ हो गई। यह लश्कर मुअज्ज़म और अज़ीम की सरदारी में था। ये दोनों ही अकबरशाह को अपने पथ का कण्टक समझते थे, परन्तु उन्हें रास्ता साफ करने की घात न मिलती थी। आज मुँहमाँगी मुराद मिली। जी तोड़कर लड़ने लगे। पहले तो तैवर खाँ के सिपाहियों ने बड़ी बहादुरी दिखाई; मगर फिर मौलवी साहब का फतवा सुनते ही तोते की भाँति आँखें बदल दीं और अपने दोनों सरदारों को घेरकर खुद ही मार डाला।

मुहम्मद खाँ और तैवर खाँ के मारे जाने के पश्चात् अज़ीम ने अकबरशाह की बहुत खोज की, परन्तु पता न चला। विवश होकर अजमेर लौट पड़ा, क्योंकि सेना आधी से अधिक घायल हो गई थी, इसलिए वीर दुर्गादास का सामना करने की हिम्मत न रही, नहीं तो विजय के घमण्ड में आगे जरूर बढ़ता। घमण्ड तो दुर्गादास चूर ही कर देता, मगर बेचारे अकबरशाह के प्राण न बचते। किसी-न-किसी की दृष्टि पड़ ही जाती, क्योंकि वह वीर दुर्गादास की खोज में देववाड़ी की पहाड़ियों पर इधर-उधर भटकता फिरता था। संयोगवश शामलदास से भेंट हो गई, जो पाँच सौ सवार लिये देववाड़ी के मार्ग की चौकसी कर रहा था। पहले तो शामलदास को सन्देह हुआ कि कदाचित् भेद लेने आया हो, लेकिन बातचीत होते ही सन्देह जाता रहा, और उसे वीर दुर्गादास के पास भेज दिया। शाहज़ादे को देखकर दुर्गादास लज्जित होकर बोला–''शाहज़ादा! मुझे क्षमा करना, मुझसे अपनी इतनी आयु में पहली ही भूल हुई है। आज तक मैंने किसी के साथ विश्वासघात नहीं किया और न किसी निर्दोष पर तलवार ही उठाई है। आपके साथ जो मुझसे चूक हुई, वह धोखे में हुई। लीजिए यह अपने पिता का पत्र पढ़िए और आप ही कहिए, ऐसी स्थिति में हमारा कर्त्तव्य क्या होना चाहिए था?''

शाहज़ादे ने पत्र पढ़कर कहा–''भाई दुर्गादास! इसमें तुम्हारा दोष नहीं, यह हमारी कमबख्ती थी। मृत्यु की सामग्री तो पत्र ही में थी, परन्तु न जाने अभी भाग्य में क्या है जो जीवित रहे। खुदा जाने, तैवर खाँ पर कैसी गुजरी!''

दुर्गादास ने कहा–''शाहज़ादा! मुझे दुःख इस बात का है कि भूल की मैंने और मारे गए मुहम्मद खाँ और तैवर खाँ।''

दुर्गादास का यह अन्तिम वाक्य पूरा भी न हुआ था कि 'अल्लाहो अकबर' की आवाज़ कानों में सुनाई दी। शाहज़ादे पर फिर सन्देह उत्पन्न हुआ, मगर आगे बढ़कर पहाड़ी से जो नीचे झाँका तो औरंगज़ेब की सेना दर्रे में फँसी देखी। फिर क्या था! राजपूतों को लेकर टूट पड़ा। लगी दुतरफा मार पड़ने। मुगल सेना जिस तरफ भागती थी, उसी तरफ अपने को राजपूतों से घिरा पाती थी। दुर्गादास ने सिवा एक पहाड़ी दर्रे के, चारों तरफ से देववाड़ी की पहाड़ियाँ घेर रखी थीं। इस दर्रे के तीनों तरफ ऊँची-ऊँची पहाड़ियाँ थीं और एक तरफ रास्ता था, वह भी छोटा-सा। औरंगज़ेब क्या जाने कि वह बचने का रास्ता नहीं, चूहादान है! पिल पड़ा। पीछे-पीछे लश्कर भी पहुँच गया। राजपूतों ने ऐसा पीछा किया, जैसे चरवाहे भेड़ों को बाड़े में हाँकते हैं। जब सारा लश्कर दर्रे में चला गया, तो राजपूतों ने खिलवाड़ की तरह वह भी रास्ता पत्थरों से बन्द कर दिया। पहाड़ियाँ इतनी ऊँची और इतनी कठिन न थीं कि कोई चढ़ न सके, परन्तु कठिनाई अवश्य थी। रात अभी एक पहर से अधिक तो बीती न थी, लेकिन अँधियारा हो चुका था और चन्द्रमा का प्रकाश भी इतना न था। उस पर राजपूत ऊपर से पत्थर ढकेल रहे थे। सारांश यह है कि सब ढंग बेमौत मरने के ही थे। फल यह हुआ कि कुछ तो पत्थरों से घायल होकर मर गए और जो जीते रहे, वे भी मृतकों से किसी दशा में अच्छे न थे। उपाय तो राजपूतों ने यह सोचा था कि एक भी मुगल जीवित न बचे, और दर्रा भी आधे के लगभग लाशों से पाट दिया था, परन्तु औरंगज़ेब के भाग्य को क्या करते! उसे एक छोटी-सी खोह मिल गई। बाप-बेटे दोनों बड़ी सावधानी से उसी में दुबक रहे।

जब राजपूतों का उपद्रव शान्त हुआ, तो दोनों दबे पाँव बाहर निकले। रात का पिछला पहर था। चन्द्रदेव अस्त हो चुके थे। हाँ, चारों तरफ आकाश पर तारे ज़रूर झिलमिला रहे थे। दुर्गादास अपना लश्कर लेकर बुधवाड़ी लौट आया। मैदान साफ था, इसलिए औरंगज़ेब को ऊँची-ऊँची पहाड़ियों पर चढ़ने के सिवा और कोई अड़चन न पड़ी। कोई कहीं देख न ले! शत्रु के हाथ फिर न पड़ जाएँ! केवल यही भय था, इसलिए अपने को छिपाता हुआ बड़ी सावधानी से इधर-उधर पहाड़ियों में भटकने लगा। जैसे-तैसे भूखा-प्यासा तीसरे दिन अजमेर पहुँचा। अज़ीम उससे पहले ही वहाँ पहुँच गया था। औरंगज़ेब उस पर बहुत झुँझला गया। गुस्सा कुछ अज़ीम ही पर न था। वह जिसे पाता था, फाड़ खाता था। जलपान के पश्चात् ज़रा जी ठिकाने हुआ, तो सरदारों को बुलाया। जब किसी में वीर दुर्गादास का सामना करने का साहस न देखा तो अपने राज्य के कोने-कोने से मुसलमानी सेना भेजने के लिए सूबेदारों को आज्ञा-पत्र लिखवाए। फिर भी सन्तोष न हुआ। सोचने लगा

कि इतनी मुगल सेना, जिसे दुर्गादास का सामना करने को भेज सकूँ, एक सप्ताह में एकत्र होना असम्भव है और दुर्गादास का कुछ ठीक नहीं, न जाने कब अजमेर पर धावा बोल दे! इसलिए कोई जाल फेंकना चाहिए।

दूसरे दिन सरदार जुल्फिकार खाँ को चालीस हज़ार अशर्फियाँ देकर वीर दुर्गादास के पास भेजा। यह सरदार भी बड़ा चतुर था। शाम को दुर्गादास की छावनी में पहुँचा। सवेरे आज्ञा पाकर वीर दुर्गादास के पास गया। सलाम किया और अशर्फियाँ सामने रखकर बोला–''ठाकुर साहब! हमारे बादशाह सलामत ने आपको सलाम कहा है और ये चालीस हज़ार अशर्फियाँ भेंट में भेजी हैं। ठाकुर साहब, अब आपको चाहिए कि बादशाह की भेंट को खुशी के साथ स्वीकार करें और ईश्वर को धन्यवाद दें, क्योंकि बादशाह जल्द किसी के ऊपर प्रसन्न नहीं होते। न जाने क्यों आज आपकी बहादुरी पर खुश हो गए। पुरस्कार में ये चालीस हज़ार अशर्फियाँ ही नहीं भेजीं, साथ ही साथ यह भी कहला भेजा है कि तेजकरण को पाँच हजार सवारों का नायक बनाऊँगा और मारवाड़ के सरदारों के अधिकार, जैसे राजा यशवन्तसिंह के लिए थे, वैसे ही रहेंगे। जिसकी जागीर ज़ब्त की गई है, वह लौटा दी जाएगी। और लौट जाने पर, सब राजपूत बन्दी भी छोड़ दिए जाएँगे। अब कृपा कर मुझे शीघ्र ही लौट जाने की आज्ञा दें और शाहज़ादे को सादर मेरे साथ कर दें। बादशाह तो अकबरशाह के वियोग से दुःखी हैं। उसे देखते ही बड़े प्रसन्न होंगे; ईश्वर जाने आपके साथ और क्या भलाई करें! अच्छे कामों में देर नहीं करनी चाहिए। शंका विनाश का कारण है। शंका करने से बने-बनाए काम बिगड़ जाते हैं। अगर मैं खाली हाथ लौटा तो समझ लें कि राजाओं की प्रसन्नता उतना सुख नहीं देती, जितनी कि अप्रसन्नता दुःख देती है। ईश्वर न करें, कहीं बादशाह आपके बर्ताव से चिढ़ गए, तो यह जान लीजिएगा कि पलक मारते ही जोधपुर का सत्यानाश कर डालेंगे। जो बादशाह क्षण-मात्र में बीस लाख सेना इकट्ठी कर सकता है, उसका सामना आप मुट्ठीभर राजपूत लेकर क्या कर सकते हैं? मैं आपकी भलाई के लिए आया हूँ, बुराई के लिए नहीं। अगर आप अपने धर्म की, अपनी बहन-बेटियों की, अपने भोले भाइयों की और देव-मंदिरों की भलाई चाहते हों, तो शाहज़ादे को हमारे साथ कर दें। ठाकुर साहब, एक के लिए बहुतों को दुःख में डालना चतुराई नहीं।''

दुर्गादास चुपचाप सरदार जुल्फिकार खाँ की बातें सुन रहा था और सोच रहा था कि क्या उत्तर दिया जाए? अगर 'हाँ' करता हूँ, तो अधर्म होता है। अभयदान देकर शाहज़ादे को फिर क्योंकर मौत के मुँह में डाल दूँ? अगर 'न' करता हूँ तो न जाने सरदारों के मन में क्या हो! दुर्गादास इसी सोच-विचार में पड़ा था। शाहज़ादा

बड़ी देर से दुर्गादास की तरफ देख रहा था कि क्या उत्तर देते हैं? जब देखा कि दुर्गादास बोलते ही नहीं, मौनव्रत ही धारण कर लिया है, तो शाहज़ादे को चिन्ता ने घेर दबाया। उदास मन विचारने लगा कि कदाचित् वीर दुर्गादास ने अपने प्राणों के लालच से अभी तक मुझे नहीं त्यागा; परन्तु अब तो अपने देश, धर्म और जाति का प्रश्न है। देश की भलाई के निमित्त मुझे अवश्य त्याग देगा; क्योंकि अपनी जातिवालों के आगे मुझ मुगल के प्राणों की उसे क्या परवाह होगी? और उचित भी ऐसा ही है। जहाँ एक के बलिदान से अनेकानेक की रक्षा होती हो, उसमें विलम्ब नहीं करना चाहिए। तब दुर्गादास जुल्फिकार खाँ की बातों का उत्तर क्यों नहीं देता? कदाचित् असमंजस में पड़ा होगा कि जिसको अभयदान दे चुका है, उसे किस प्रकार त्याग दे? मेरी तो मृत्यु आ ही गई, तब अपने शुभचिन्तक को अधिक कष्ट क्यों पहुँचाऊँ? यह विचार कर शाहज़ादा उठ खड़ा हुआ और कहने लगा—"वीर दुर्गादास! मैं आपकी नहीं, बल्कि अपनी इच्छा से सरदार जुल्फिकार खाँ के साथ जा रहा हूँ। इसमें आपका कुछ दोष नहीं; क्योंकि जहाँ तक हो सका, आपने मेरी रक्षा की। मनुष्य अपनी शक्ति के बाहर क्या कर सकता है? कोई किसी का भाग्य नहीं पलट सकता।"

वीर दुर्गादास ने शाहज़ादे का हाथ पकड़कर अपने पास बिठा लिया और बोला—"शाहज़ादे! मैं चालीस हज़ार क्या, अगर बादशाह अपना राज्य भी देकर तुम्हें लेना चाहें तब भी तुम्हें अब मृत्यु के मुख में नहीं डाल सकता। मैं अपने कुल और जाति को कलंकित नहीं करना चाहता। राजपूतों के मुख में एक ही जिह्वा होती है। शाहज़ादे, कदाचित् तुमने यह सोचा हो कि मेरे एक के लिए दुर्गादास अपने देशभर को विपत्ति में क्यों डालेगा? तो यह तुम्हारी भूल है। देखो, केवल महासिंह के लिए हमारे मारवाड़वासियों ने कितना कष्ट भोगा; परन्तु उसका फल कैसा मिला—कहना व्यर्थ है, हाथ कंगन को आरसी क्या! देखो, मारवाड़ स्वतंत्र हुआ। बादशाह ने सलाम के साथ-साथ चालीस हज़ार की भेंट भेजी है। अब यदि तुम्हारे लिए कष्ट उठाना पड़ेगा तो उससे भी अच्छे फल की आशा है। अँधेरे के बाद ही उजाला होता है। दुःख भोगने के पश्चात् ही सुख का आनन्द मिलता है। मिट्टी में मिल जाने के पश्चात् ही बीज हरा-भरा वृक्ष बनता है।"

दुर्गादास को इस प्रकार शाहज़ादे को तसल्ली देते देख, जयसिंह को अब सरदार जुल्फिकार खाँ की बातों का जवाब देने में सहायता मिली। बड़ी नरमी के साथ बोला—"जुल्फिकार खाँ! तुम्हारे बादशाह ने आज तक राजपूत के लिए कौन-सा उपाय सोच रखा है, जिसकी धमकी देता है? देव-मन्दिरों को तोड़कर मस्जिदें बनवाईं, धर्म-पुस्तकों को जलवाया, ब्राह्मणों के जनेऊ तुड़वाए, सती अबलाओं का सतीत्व

नष्ट कराया, तीर्थ यात्रियों पर जजिया नामक कर लगाया और बिना अपराध ही के बेचारे निर्दोष राजपूतों को बन्दी-गृह का कष्ट भुगवाया। बहुतों को फाँसी दिलाई। अब तुम्हीं कहो, प्राण-दण्ड से अधिक और कौन दण्ड होगा? भाई, हम राजपूतों के साथ यदि वह न्याय का बर्ताव करता, तो हम लोग काले सर्प के समान उसे कभी न डसते, वरन् श्वान के समान उसकी सेवा करते। यह नौबत कभी न आती कि इतना बड़ा बादशाह एक राजद्रोही के लिए प्रजा को झुककर सलाम करे, चालीस हज़ार अशर्फियों का लोभ दिलाए।''

दुर्गादास ने कहा–''भाई जयसिंह, आप ऐसी बातें किससे और किसलिए कर रहे हैं? मैं अभी तक इसलिए मौन बैठा रहा कि जुल्फिकार खाँ से वृथा बातें करके अपना समय क्यों नष्ट करूँ? इनसे बातें करने में कोई लाभ तो है ही नहीं, उत्तर देकर क्या करें? इन्हें जो कुछ कहना है, कह लेने दो। बादशाह ने न धमकी दी है और न लालच। यह धोखेबाज़ी और जाल है। सरदार जुल्फिकार खाँ, आप अपनी ये अशर्फियाँ लीजिए, क्योंकि पाप से कमाए हुए धन की भेंट राजपूत कभी स्वीकार नहीं कर सकते! हम शरण में आए हुए को अपने प्राण रहते नहीं त्याग सकते। इसलिए आप खुशी से लौट जाइए, और बादशाह के सलाम के जवाब में सलाम कहिए।''

जुल्फिकार खाँ ने अब भी बहुत-कुछ कहा-सुना, परन्तु राजपूती हठ (प्राण जाहिं वरु वचन न जाही) कब छूट सकता है! अन्त में लाचार होकर जुल्फिकार खाँ को लौटना ही पड़ा।

जुल्फिकार खाँ के चले जाने के थोड़ी देर बाद उदयपुर के राणा का छोटा बेटा भीम सिंह आया। सब सरदारों से मिल-भेंटकर दुर्गादास के पास बैठ गया। जयसिंह ने पूछा–''भैया भीम सिंह! घबराए-से क्यों हो? क्या कोई नई बात है?''

भीम सिंह ने कहा–''घबराहट नहीं; परन्तु आश्चर्य अवश्य है। वह यह कि आप सबको निश्चिन्त देख रहा हूँ। अभी तक आप लोगों ने अजमेर पर चढ़ाई क्यों न की? अवसर अच्छा था, अब वह समय हाथ से निकल गया। औरंगज़ेब ने चारों तरफ लड़ाई बन्द करवा दी और सब मुगल-सेना अजमेर बुला ली है। ईश्वर ही जाने अब मारवाड़ की क्या दशा होने वाली है।''

केसरीसिंह सबसे वृद्ध सरदार था; बोला–''भाइयों! हमें अपनी या मारवाड़ की कोई चिन्ता नहीं। हमारा पहला धर्म है कि शाहज़ादे की रक्षा का प्रबन्ध किया जाए। पश्चात् औरंगज़ेब से लोहा लें।''

यह बात सब राजपूत सरदारों के मन में बैठ गई। वे सोचने लगे कि शाहज़ादे

को कहाँ भेजा जाए; जहाँ उनकी रक्षा में किसी प्रकार की त्रुटि न हो? भीम सिंह ने कहा—''महाराज, शिवाजी का पुत्र वीर शम्भा जी इनकी रक्षा कर सकेगा; क्योंकि एक तो वह वीर पुरुष है; दूसरे, औरंगज़ेब का कट्टर शत्रु है; तीसरे, अब वहाँ मुगल सेना नहीं है, लड़ाई बन्द है, सब तरह की सुविधा है। वीर दुर्गादास तथा शहज़ादे ने स्वयं भी शम्भा जी के पास जाना पसन्द किया है।''

शाम को दुर्गादास थोड़े-से सवारों को साथ लेकर शम्भा जी के पास चला और चलते समय सेना को मोर्चे पर ले-जाने के लिए सरदारों को आज्ञा देता गया। शहज़ादे को साथ लिये कई जंगल-पहाड़ पार करता हुआ तीसरे दिन शम्भा जी के यहाँ पहुँचा। शम्भा जी ने देखते ही शाहज़ादे को पहचान लिया और बड़े आदर-भाव से मिला। निश्चिन्त होने के पश्चात् दुर्गादास ने उससे अपने आने का कारण कह सुनाया। शम्भा जी ने अपना हार्दिक हर्ष प्रकट किया और कहा—''भाई दुर्गादास! हम लोगों का मुख्य धर्म ही है कि शरणागत की रक्षा करें। फिर शहज़ादे ने तो हमारे साथ बड़ा उपकार किया है। जब दिल्ली के कारागार में मैं और मेरे पूज्य पिताजी दोनों बन्दी थे, उस समय शहज़ादे ने हमारी बड़ी सहायता की। इनका दिया हुआ घोड़ा अभी तक हमारे पास है। मैं इनकी रक्षा अपने प्राणों के समान करूँगा। अब आप इनके लिए निश्चिन्त रहिए।''

रात को दुर्गादास ने वहीं विश्राम किया, दूसरे दिन शम्भा जी से विदा हो मारवाड़ की तरफ चल दिया। गुजरात के आगे एक पहाड़ी पर खड़े शामलदास मेड़तिया से भेंट हुई। वह अपनी सेना लेकर जयसिंह की आज्ञानुसार दक्षिण प्रान्त से आने वाली मुगल-सेना रोकने के लिए रास्ते में आ डटा था। यह हाल दुर्गादास को मालूम न था; इसलिए शामलदास ने कहा—''महाराज! आपके चले जाने के पश्चात् सब सरदारों ने यह सलाह की कि मुगल-सेना जो हम लोगों की असावधानी के कारण अजमेर आ चुकी सो आ चुकी, परन्तु अब दूर से आनेवाली सेना के सब मार्ग रोक दिए जाएँ, नहीं तो स्वप्न में भी जय पाना कठिन होगा। यह सोचकर सरदारों ने कुछ सेना बंगाल, मद्रास और पंजाब की तरफ भेज दी है। अब जहाँ तक हो सके शीघ्र ही पहुँचिए। कदाचित् आज ही आपका रास्ता देखकर सरदार शोनिंगजी अजमेर पर चढ़ाई कर दें।''

यह सुनकर वीर दुर्गादास शामलदास को युद्ध के विषय में कुछ समझा-बुझाकर घोड़े पर सवार हुआ। लगाम खींचते ही घोड़ा हवा से बातें करता हुआ चल दिया। रात के पिछले पहर बुधवाड़ी पहुँचा। मालूम हुआ सेना मोर्चे पर गई है। यद्यपि वीर दुर्गादास और घोड़ा दोनों ही लस्त हो चुके थे, परन्तु दुर्गादास तो देश-सेवा के लिए

अपना जीवन अर्पण कर चुका था। बिना मारवाड़ स्वतन्त्र किये उसे चैन कब था! सीधा अजमेर भागा और पौ फटने के पहले अपनी सेना में पहुँच गया।

यह सब समाचार औरंगज़ेब को मिला तो वह घबड़ा उठा, क्योंकि अजमेर में अभी तक मुगल सेना के दो ही भाग आ सके थे। बाकी सेना की प्रतीक्षा की जा रही थी। बादशाह को अपनी आधी सेना पर काफी भरोसा न था; इसलिए दूसरा जाल रचा और सवेरा होते ही सरदार दिलेर खाँ के हाथ सन्धि का सन्देश भेजा। वीर दुर्गादास ने कहा—"सरदार दिलेर खाँ! भोले राजपूतों ने बहुत धोखे खाए। अब हम लोग तुम्हारे बादशाह की ज़बानी बातचीत पर विश्वास नहीं करेंगे। अगर वह सचमुच सन्धि करना चाहता है तो बादशाही मुहर लगाकर पत्र लिखे कि हमारे धर्म पर आक्षेप न करेंगे, हिन्दू और मुसलिम में कोई अन्तर न समझेंगे, योग्यता पर ही ओहदे दिए जाएँगे। यदि तुम्हारा बादशाह ऐसा स्वीकार करता है तो हम लोग भी सन्धि को तैयार हैं। नहीं तो हाथ में ली हुई तलवार मरने-मारने के बाद ही हाथ से छूटेगी। बस जाओ, हमें जो कुछ कहना था, कह चुके, अब हमारे कहने के विरुद्ध यदि उत्तर लाना हो तो युद्ध-स्थल में तलवार लेकर आना।"

दिलेर खाँ कोरा उत्तर पाकर औरंगज़ेब के पास लौट गया और दो की चार बताईं। सुनते ही औरंगज़ेब जल उठा, और तुरन्त ही युद्ध की तैयारी के लिए डंका बजवा दिया। मुगल-सेना मैदान में एकत्र हुई। उस समय एक ऊँचे स्थान पर खड़े होकर औरंगज़ेब ने धर्म-उपदेश किया और सैनिकों को यहाँ तक उत्तेजित किया कि धर्मान्ध मुगलों को लड़ाई की दाव-घात की सुधि न रही। जिस प्रकार लहरें किनारे की चट्टानों से टकराकर लौट जाती हैं, उसी प्रकार मुगल सेना राजपूतों से टक्कर लेने लगी। वीर राजपूतों ने बड़ी सावधानी से हमलों को रोका और देखते-देखते आधी मुगल सेना काट डाली। धर्मान्ध औरंगज़ेब की आँखें खुलीं। धर्म का सारा घमण्ड जाता रहा। प्राणों के लाले पड़ गए। दाएँ-बाएँ झाँकने लगा और मौका पाकर प्राण ले भागा। सेना की भी हिम्मत टूट गई। पैर उखड़ गए। बादशाह के भागते ही सेना भी भाग खड़ी हुई। किले के अलावा दूसरी तरफ मार्ग न मिला, क्योंकि राजपूतों ने अपूर्व व्यूह-रचना की थी। जब मुगल-सेना किले में जा घुसी तो राजपूतों ने चारों तरफ से घेर लिया। उसी समय एक भेदिए ने बादशाह को खबर पहुँचाई कि शामलदास और दयालदास ने दक्षिण से आने वाली सेना का एक भी सिपाही जीवित नहीं छोड़ा और मालवे में भी राजपूतों ने बड़ा उपद्रव मचा रखा है। यह समाचार सुनकर औरंगज़ेब घबड़ा गया और राजपूतों से सन्धि कर लेने का निश्चय किया। अपने बड़े बेटे मुअज़्ज़म को बुलाकर राजपूतों की माँगे सन्धि-पत्र पर लिखाकर बादशाही मोहर

लगाई और दुर्गादास को भेज दिया। वीर दुर्गादास ने सन्धि-पत्र पढ़कर अपने सरदारों को सुनाया। किले का द्वार खोल दिया। बादशाही झण्डे की जगह राजपूती झण्डा फहराया गया। मारवाड़ की सब छोटी-बड़ी रियासतों को विजय-समाचार भेजा गया। कुँवर अजीतसिंह के राज्याभिषेक में सम्मिलित होने के लिए उन्हें निमन्त्रित किया गया।

वीर दुर्गादास ने कुँवर अजीतसिंह का राजतिलक औरंगज़ेब के हाथों करवाना निश्चित किया था, इसलिए उसे दिल्ली जाने से रोक लिया। दूसरे दिन वीर दुर्गादास अपने साथ करणसिंह, गंभीरसिंह तथा थोड़े-से सवार लेकर आबू की घनी पहाड़ियों में बसे डुंडवा गाँव में पहुँचे। जयदेव ब्राह्मण के द्वार पर भीलों के लड़कों के साथ आनन्द से खेलते हुए कुँवर अजीतसिंह को देखा। यद्यपि अजीत अब आठ वर्ष का हो चुका था, परन्तु राजचिह्नों को देखकर दुर्गादास ने पहचान लिया। आँखों में आनन्द के आँसू भर आए। अजीत को गोद में उठा लिया। उसी समय आनन्ददास खेंची भी आ पहुँचे। बड़े प्रेम से एक-दूसरे के गले मिले। दुर्गादास ने खेंची महाशय को आठ वर्ष के अच्छे-बुरे समाचार कह सुनाए। अजमेर की विजय और कुँवर अजीतसिंह की राजगद्दी का समाचार सुनकर सबको बड़ा ही आनन्द हुआ। यह शुभ समाचार वायु के समान क्षणभर में सारे गाँव में फैल गया।

नगरवासी तथा राजकुमार के साथ खेलनेवाले सब साथी इकट्ठे हो गए। अब राजकुमार के भोले-से मुख पर अलबेली राजश्री का प्रकाश था। छोटे-छोटे लड़के आपस में कहते थे—''भाई! हम लोगों ने अनजाने में बड़े अपराध किए हैं। हज़ारों बार खेल में राजकुमार को मारा होगा। भाई, एक दिन वह था कि राजकुमार हम लोगों के साथ धूल में खेलते थे। अब कल वह दिन होगा कि सारे मारवाड़ देश के स्वामी बनकर राजसिंहासन पर शोभा पाएँगे। राजमद में चूर होकर हम दीन-सखाओं की ओर फिर कृपा-दृष्टि क्यों करने लगे?''

इसी प्रकार सब अपनी-अपनी कहते थे और राजकुमार के मुख की ओर एकटक देख रहे थे। राजकुमार भी अपने प्यारे मित्रों की तरफ बड़े प्रेम से देख रहा था और सोच रहा था कि चाचाजी इन सबको हमारे साथ ले चलेंगे या नहीं? एक बार अपने मित्रों की तरफ देखकर आनन्ददास खेंची की ओर बढ़ा। खेंची महाशय ने राजकुमार का अभिप्राय समझकर बालकों से कहा—''जाओ, अपने-अपने पिता को लेकर राजकुमार के साथ चलो। तुम लोगों के लिए इससे बढ़कर आनन्द का समय और कब होगा कि तुम्हारे साथ खेलनेवाला आज मारवाड़ देश का स्वामी हो!''

थोड़ी ही देर में सारे नगर-निवासी राजकुमार का राजतिलक देखने के लिए साथ चलने को तैयार होकर पहुँचे। जिससे जो हो सका, राजा के लिए भेंट की सामग्री

भी अपने साथ ले चला। राजकुमार अपने मित्रों को अपने साथ चलते देख बड़ा मगन था। उम्र ही अभी खेल-कूद की थी। था तो केवल आठ वर्ष का! क्या जाने राज्य किसको कहते हैं? राजतिलक क्या होता है? वह तो यह सब खेल समझता था। आज तक उस बेचारे के सामने कभी पूज्य पिता का भी नाम न लिया गया था। वह संसार में किसी को अपना जानता था, तो आनन्ददास खेंची को और देव शर्मा तथा देव शर्मा की स्त्री को, जिन्हें वह चाचा-चाची कहकर बुलाता था।

गीदड़ों में पला हुआ सिंह का बच्चा, चाहे उसके स्वाभाविक गुण नष्ट न हुए हों, अपने को सिंह नहीं समझता, जब तक सिंहों के साथ न पड़े। यही बात राजकुमार अजीत के साथ थी। भीलों के साथ पाला गया था फिर राज्य करना क्या जाने? अपने मित्रों से हँसता-बोलता दूसरे दिन यात्रा समाप्त कर दो-पहर दिन ढलते अजमेर आ पहुँचा। यहाँ भारी भीड़ थी। एक ओर मुगल सेना थी, दूसरी ओर राजपूत सेना, सुन्दर वस्त्रों से विभूषित राजकुमार का स्वागत करने के लिए खड़ी थी। स्थान-स्थान पर बाजे बज रहे थे। नाच-गान हो रहा था। ऐसा कोई भी घर न था, जिसके द्वार पर बन्दनवार न बँधी हो, मंगलकलश न धरे हों। घर-घर आनन्द मनाया जा रहा था, और जय-ध्वनि आकाश में गूँज रही थी। मारवाड़ की छोटी-बड़ी सब रियासतों के सरदार उपस्थित थे। राजकुमार का स्वागत बड़ी धूमधाम से किया गया, और शुभ मुहूर्त में उसे सोने के सिंहासन पर बैठाकर औरंगज़ेब के हाथों तिलक कराया गया। सरदारों ने राजकुमार के चरणों पर शीश झुकाया और यथाशक्ति नज़रें दीं।

उसी समय वृद्ध नाथू को साथ लिये बाबा महेन्द्रनाथ जी पधारे। उपस्थित जनता ने उनका बड़ा सत्कार किया। नाथू ने स्वामी को महाराज यशवन्तसिंह की दी हुई लोहे की सन्दूकची सौंपी, जिसे वीर दुर्गादास ने भरे दरबार में महाराज अजीतसिंह को समर्पण कर दिया; और महाराज यशवन्तसिंह जी ने जिस अवस्था में और जो कुछ कहकर शोनिंगजी चम्पावत को सन्दूकची सौंपी थी, वह कह सुनाई। अजीतसिंह ने सन्दूकची बड़े मान के साथ लेकर दुर्गादास को फिर दे दी और उसे खोलकर प्रजा को दिखलाने की आज्ञा दी। सन्दूकची दरबार में खोली गई। उसमें रखा महाराज यशवन्तसिंह का राजमुकुट राजकुमार को पहना दिया और जनता के सामने खड़े होकर राजकुमार अजीतसिंह के जन्म से लेकर राजतिलक-पर्यन्त जो-जो घटनाएँ हुई थीं, कह सुनाईं। दैवयोग से वह मुसलमान मदारी भी मिल गया, जो खेंची महाशय और अजीत को छिपाकर लाया था। उसकी गवाही ने प्रजा का सन्देह समूल नष्ट कर दिया। वीर दुर्गादास को प्रजा ने कोटिशः धन्यवाद दिए, क्योंकि महाराज यशवन्तसिंह जी के वंश तथा राज्य के रक्षक वे ही थे।

राजपूतों का यह आन्दोत्सव औरंगज़ेब को अच्छा न लगता था, इसलिए केवल तीन दिन अजमेर में रहकर महाराज अजीतसिंह से विदा हो दिल्ली चला गया। जोधपुर की प्रजा राजकुमार के दर्शन के लिए बड़ी उत्सुक थी। थोड़े दिनों तक रास्ता देखती रही। जब राजकुमार को जोधपुर में न देखा, तो वृद्धों और बालकों को छोड़कर, जिनमें चलने की शक्ति न थी, बाकी सब-की-सब प्रजा अजमेर को चल दी। कई दिनों में गाते-बजाते आनन्द मनाते प्रजाजन अजमेर पहुँचे। वीर दुर्गादास ने अपने राजकुमार पर प्रजा का इतना प्रेम देखकर दरबार किया। सबने अपने इच्छानुरूप दर्शन किये और उनसे जोधपुर की सूनी गद्दी शोभित करने की प्रार्थना की। महाराज ने अपने पूज्य पिता की गद्दी पर बैठना स्वीकार किया। लगभग तीन मास अजमेर में रहकर महाराज जोधपुर चले आए। आज प्रजा को जैसा आनन्द हुआ, कदाचित् महाराज यशवन्तसिंह के शासन-समय में न हुआ हो। घर-घर हवन हो रहा था, द्वारे-द्वारे मंगल कलश धरे थे। बन्दनवारें बँधी थीं। सुगन्धित फूलों की मालाएँ लटकी थीं। शीतल वायु चल रही थी। दरबार में सुन्दर वस्त्र पहने सरदार तथा योग्यतानुरूप जनता बैठी थी। सामने सोने के सिंहासन पर महाराज अजीतसिंह बैठे थे। पास ही वीर दुर्गादास खड़ा हुआ महाराज की आज्ञानुसार, सहायता करनेवाले राजपूतों की उनकी जागीरों में कुछ बढ़ती करता और पट्टे बाँट रहा था। वृद्ध महासिंह को कोषाध्यक्ष बनाया, गुलाबसिंह तथा गम्भीरसिंह को महाराज का रक्षक नियुक्त किया। करणसिंह को सेना-नायक बनाया और दरबारियों की अनुमति से अपने ऊपर राज्य-भार लिया। अन्त में महासिंह की कन्या लालवा की बारी आई। दुर्गादास ने उसको सबसे अच्छा और अमूल्य पुरस्कार दिया, अर्थात् राणा राजसिंह जी के ज्येष्ठ पुत्र जयसिंह के साथ विवाह निश्चित कराया और राज्य की ओर से ही बड़ी धूमधाम के साथ विवाह कर दिया।

इन सब आवश्यक कामों से छुट्टी पाने के बाद एक दिन दुर्गादास को शाहज़ादे अकबरशाह की याद आई; परन्तु शाहज़ादा वहाँ न मिला। पता करने पर मालूम हुआ कि दक्षिण में औरंगज़ेब की सहायता के लिए जब मुगल सेना जाने लगी तो शहज़ादे ने शम्भा जी को उसको रोकने की अनुमति दी, परन्तु शम्भा जी ने सुनी अनसुनी कर दी। इस बात पर शहज़ादा रुष्ट होकर मक्का चला गया और थोड़े दिनों के बाद वहीं उसका देहान्त हो गया। इस समाचार से दुर्गादास को बड़ा दुःख हुआ; परन्तु करता क्या? ईश्वरेच्छा समझकर मन को शान्त किया। खुदाबख्श तथा मुसलमान मदारी को महाराज ने अपने दरबार में रखा और सदैव उनका मान करते रहे। अपने साथ खेलनेवाले भील बालकों की शिक्षा का जोधपुर में ही प्रबन्ध कराया

अजीतसिंह यह सन्देश सुनकर काँप गया। बोला—"दुर्गादास जहाँ जाना चाहे, जाने दो। जो औरंगज़ेब सरीखे बादशाह से लड़कर अपना देश छीन ले, हम ऐसे वीर पुरुष का सामना नहीं कर सकते।"

वीर दुर्गादास इस प्रकार महाराज अजीतसिंह से विरक्त होकर और अपनी उज्ज्वल कीर्ति के फलस्वरूप अनादर और उपेक्षा पाकर उदयपुर चला गया। यहाँ उस समय राणा जयसिंह अपने पूज्य पिता राणा राजसिंह के बाद गद्दी पर बैठे थे। अजीतसिंह का ऐसा बुरा बर्ताव सुनकर उन्हें बड़ा क्रोध आया। परस्पर का मित्र-भाव छोड़ दिया। वीर दुर्गादास को अपने परिवार के मनुष्यों की भाँति मानकर जागीर प्रदान की। थोड़े दिन तक दुर्गादास महाराज के दरबार में रहा, फिर आज्ञा लेकर एकान्तवास के लिए उज्जैन चला गया। वहाँ महाबलेश्वर का पूजन करता रहा। संवत् 1765 वि० में वीर दुर्गादास का स्वर्गवास हुआ। जिसने यशवन्तसिंह के पुत्र की प्राण-रक्षा की और मारवाड़ देश का स्वामी बनाया, आज उसी वीर का मृत शरीर क्षिप्रा नदी को सूखी झाऊ की चिता में भस्म किया गया। विधाता! तेरी लीला अद्भुत है।

(प्रथम प्रकाशन - 1938)

❑❑❑